Alberto Godenzi
Bieder, brutal

W0071996

Alberto Godenzi

Bieder, brutal

Frauen und Männer sprechen über sexuelle Gewalt

Unionsverlag
Zürich

Umschlagbild:
Bignia Corradini, *Schweigen II,*
Mischtechnik auf Karton, 128 x 90,5 cm, 1975
Photo: Jochen Littkemann, Berlin

Umschlaggestaltung: Heinz Unternährer, Zürich
Gesamtherstellung: Ebner Ulm
ISBN 3-293-00159-9

Dank

Zuallererst gilt mein Dank den Frauen und Männern, die im Spätsommer 1988 ihre Erfahrungen mit sexueller Gewalt telefonisch mitgeteilt haben. Gleichzeitig fühle ich mich den Straftätern verpflichtet, welche im Gefängnis über ihre Taten gesprochen haben.

Die Interviews mit den Frauen führten Verena Zurbriggen, Christine Schwyn, Susanne Eberle und Laura Baratti, diejenigen mit den Männern Robi Sulzbacher, Michel Baeriswyl, Kari Aschwanden und ich selbst. Ihnen allen meine aufrichtige Anerkennung für ihr Engagement, ihre Ausdauer und ihre fachkundige und einfühlsame Gesprächsführung. Die achtköpfige Forschungsgruppe besorgte auch die qualitative Transkription der Gespräche.

Bei der statistischen Auswertung der Ergebnisse stand Wolfgang Otto hilfreich zur Seite. Wertvolle Hinweise beim kritischen Lesen des Manuskripts gaben mir Brigitt Keller, Susanne Gerber und Reto Casanova. Des weiteren möchte ich Kurt Weis und David Finkelhor danken, die mit ihren Publikationen und in persönlichen Beratungen den Weg vorgezeichnet haben.

Die Kosten für die Untersuchung wurden vom Schweizerischen Nationalfonds zur Förderung der wissenschaftlichen Forschung getragen. Den Zugang zu Personen und Daten ermöglicht haben verschiedene Justizdirektionen, Polizeikommandos, Gefängnisdirektionen, kantonale Staatsanwaltschaften und die Schweizerische Bundesanwaltschaft. Ebenso froh war ich über die Kooperationsbereitschaft des Bundesamtes für Statistik.

Meine abschliessende Anerkennung allen hier nicht namentlich erwähnten Personen und Institutionen, die zum Gelingen der Studie beitrugen.

Inhalt

Ein Blick in die Zukunft:
Was uns Männern blühen könnte

Angefangen hat alles im Jahre 1990 [1]. Wir standen auf, wie wir immer aufgestanden waren. Verstimmt, weil die Strassen noch immer vereist waren, und verärgert, weil die Morgenzeitung immer von den Taten anderer berichtete, aber immerhin, wir waren weisse, mitteleuropäische Männer mit Kultur. Nur eben, der Kaffee stand nicht auf dem Tisch. Die Tochter schien verschlafen zu haben, der Sprössling schrie aus Leibeskräften. Im Wirtshaus fluchten der Wirt und die zahlreichen Gäste, doch die Serviererin zum Abladen, Betasten, Begaffen fehlte. Im Büro keine Sekretärin, was schlimmer war als die fehlende Verkehrspolizistin, die für einmal den Verkehr nicht blockierte.

Ich rief Mutter an, sie meldete sich nicht. War heute irgendein Frauentag, den wir nicht vermerkt hatten? Das Endlosband von der Auskunft half auch nicht weiter. Wir zögerten, unsere Geschäftsfreunde anzurufen. »Hallo, wie geht's. Seit wann nimmst du die Anrufe direkt entgegen? Nein, nichts Bestimmtes. Einfach so. Wollte sehen, wie's läuft. Hier, alles bestens.« Wir hörten die Morgennachrichten. Die werden um diese Zeit immer von Männern verlesen, die Frauen schauen zu den Kindern oder besorgen Einkäufe. Wir taten weiterhin, als sei nichts geschehen. War ja schön wieder mal so unter Männern. Waren wir ja gewohnt, vom Militär und so. Wir stürzten uns in Arbeit, diktierten unzählige Briefe, streuten Sand und Salz. In den Abendnachrichten das Übliche: händeschüttelnde Staatsoberhäupter, Kriege, Unfälle, Sport, Kultur und das Wetter. Nachtleben am Montag. Normalerweise gehört die Nacht den Männern und einigen wenigen ausgewählten Damen. Aber an diesem denkwürdigen Datum war nur Männerwahl. Dennoch setzten wir unser Siegerlächeln auf. Bestimmt hecken die für uns eine ganz besondere Überraschung aus, man weiss ja, wie unberechenbar Frauen sind. Wir werden gerührt sein und ihnen grossmütig verzeihen.

Nach 30 Tagen gegengeschlechtlichem Fasten brach die Scheinwelt zusammen. Die tagelang aufgestaute Wut entlud sich in einem hässlichen Rundschlag. Das kausale Denkmuster verlangte nach Schuldigen. Natürlich waren es die Kommunisten, die Türken, die Asylanten, die Atheisten, die Moralisten, die Chaoten. Das dumme war nur, denen war genau dasselbe passiert. Jedem registrierten männlichen Wesen waren die weiblichen Pendants davongelaufen: Ehefrau, Freundin, Tochter, Geliebte, Vorgesetzte, Untergebene, Mutter, Schwester, Grosstante, Dirne, eben alle.

Warum, wie und wohin? Bis zum heutigen Tag, also 25 Jahre lang, bleiben die Antworten im dunkeln. Selbstverständlich füllen die männlichen Analysen Bibliotheken, und manch geistzerreissender Ursache-Wirkung-Zusammenhang wurde bemüht. Gerüchte kursierten. Endlich habe mann den Beweis, Frauen seien allesamt frigide oder lesbisch. Oder ein omnipotenter männlicher Herrschergott halte sie in Bann. Übliche Männerphantasien. Ausserdem gehe es ihnen total beschissen ohne Männer. Es sei nur eine Frage der Zeit, bis sie in Heerscharen reumütig zurückkehren. Alle Ausführungen und Hypothesen aber waren mangelhaft, denn kein Mann war dabeigewesen, niemand Zeuge. Und die Frauen hielten und halten dicht. Keine Historikerin gab bisher Bescheid. Daraus liess sich wenigstens ein Charakteristikum schliessen: Ihre Strategie beruht auf Geschlossenheit und Schweigen gegen aussen. Undurchdringlich, weder mit List noch mit Brachialgewalt zu knacken. Wir wussten zwar längst, wo sie sich aufhielten, in Kirchen, Zivilschutzanlagen, auf Burgen, in Schulhäusern und Wäldern. Aber es gelang uns nicht, dort einzubrechen. Es gab einige unter uns, die sich mit Waffengewalt Zugang verschaffen wollten, aber es gab mehr, die nicht zulassen wollten, dass ihrer Tochter, Ehefrau oder Mutter von anderen Männern Zwang angetan werden sollte. Schliesslich, und das war vielleicht unsere grösste Schwäche, wir waren stolz. Wie oft hatten wir uns bewiesen, dass wir unabhängige Naturen sind. Waren nicht unsere Helden alle einsame Kämpfer. Unverletzlich, unangreifbar. Ausser eben dieser verwünschten Achillesferse. Dass es uns genau dort erwischt hatte oder dass wir eine einzige solche Ferse waren, wollten wir lange nicht wahrhaben.

Wer diese Jahre als Mann miterlebt hat, weiss, es waren düstere, trostlose, ärgerliche Zeiten. Das galt im besonderen für alle sich als Heteros begreifenden Männer (solche, die ausschliesslich weibliche Sexualpartner wählen). Waren sie nun offene Chauvis oder Patriarchen, waren sie Softies oder sogar »Feministen«, für sie alle: tote Hose. Keine Bettspielinnen zur Entspannung vom verantwortungsvollen Alltag, keine nickenden Lauscherinnen der kreativen Männertaten, keine raffiniert zubereiteten Fett- und Zuckerprodukte, keine liebevoll gebügelten Krawatten. Uns waren die Zuträgerinnen und vor allem die Zuschauerinnen abhanden gekommen. Wozu sollten wir uns denn abplagen, wenn kein Weib Beifall zollte.

Eine kleine Weile lang versuchten wir es ohne sie. Stolz erhobenen Hauptes gingen wir unserem hehren Tagwerk nach, spielten Männerspiele, trafen uns in Clubs, vernaschten alte Pornos und Brutalos und versuchten, unsere Ohren steifzuhalten. Denn einer Sache waren wir sicher: Etwas Beständigeres und Zuverlässigeres als die Männersolidarität gab es in der zivilisierten Menschheitsgeschichte nicht. Unsere gesamte manifeste Kultur war ja Zeuge davon.

Aber genau diese Kultur ging von der Definition des andern aus. Von der Zweiheit, von der Teilung. Jetzt stahl sich die andere davon, um sich selbst zu setzen, unabhängig von uns, den mythologischen Schöpfern. Solidarisch, ohne Streikbrecherinnen, ohne Opferhaltung, ohne Bierernst. Ihr gemeinsamer Spass dröhnte durch alle Strassen und Häuser, in denen sie sich aufhielten. Auch skandierten sie keine Ziele, die uns ein Argumentieren mit ihnen ermöglicht hätten. Sie schlossen uns einfach aus ihrem Diskurs aus. Punkt.

Wir waren auf uns zurückgeworfen. Ohne diese Ausgrenzung wäre die Neue Männerbewegung wohl nie zustande gekommen. Zunächst sah es aber noch nicht nach einer Neuorientierung aus. Die ersten Verhältnisse der frustrierten Männerschaft wollten die alten Verhältnisse wiederherstellen. Die Einheit der Frauen sollte aufgespalten werden. Mann versuchte Streit zu sähen und potentielle Dissidentinnen mit Belohnungen anzulocken. Durch den totalen weiblichen Boykott der männlichen Medienkultur misslangen diese Bemühungen. Dasselbe Schicksal erlitten assoziative Versuche: Moderate Männer zeigten sich lernwillig und verständnisvoll, übernahmen imaginäre weibliche Inhalte, Ziele und Formen und sprachen von »gemeinsam«, »Koexistenz« und »Koevolution«. Auch diese Annäherungsversuche verfingen nicht, keine Frau schaute hin. Da die Not aber immer heftiger am Mann nagte, wurden Krisensitzungen einberufen. Das Vertrauen in den Männerstaat war erschüttert. Mann wollte die Sache selbst in die Hand nehmen.

Ihre Unzufriedenheit steigerte sich dadurch, dass der Wert des verlorenen Gutes »Frau« als sehr hoch eingestuft wurde und keine oder kaum Alternativen in Aussicht standen. Der alte Zustand konnte mangels Bereitschaft der Frauen nicht mehr hergestellt werden, ein neuer war nicht abzusehen. Um dieses Deprivationsproblem zu lösen, gab es fünf grosse Strategien (neben vielen andern individuellen Lösungsansätzen):

1) Eine Minderheit von Männern senkte ihr Anspruchsniveau, wurde autoerotisch und selbstversorgend oder ging ins Kloster oder beides. Diesen Weg nennen wir heute *traditional*. Die Männer, die ihn befolgten, taten im Grunde nichts anderes als vor dem Auszug der Frauen. Schon damals huldigten sie fast ausschliesslich ihrer eigenen Sexualität, gebrauchten Frauen allenfalls als Animatorinnen für ihre selbstbezogene Lust. Obwohl sie sich als Heterosexuelle verstanden, hatten sie nur ihr eigenes Geschlecht im Auge oder in der Hand und waren deshalb im Grunde genommen ich-bezogene Homosexuelle. Das andere der Frau war für sie nie von Interesse. Deshalb hatten diese Traditionalisten am wenigsten Mühe, sich an die neue Situation anzupassen.

2) Eine zweite Gruppe erhöhte die Investitionen. Sie machten sich besonders attraktiv für zukünftige Partnerinnen, überwiesen ihr Vermögen auf Phantomkonten zugunsten der Frauen, versuchten getarnt ins Frauenlager zu wechseln oder bauten Miniarmeen auf. Diesen Männern fiel es besonders schwer, ohne Frauen auszukommen. Ihr gesamtes bisheriges Tun war von Frauen abhängig, obwohl sie besonderen Wert darauf legten, selbständig und gekühlt zu erscheinen. Ihr infantiler Wesenskern war jetzt der Mutter-Stütze beraubt. Diese Handlungsstrategie bezeichnen wir als *reaktiv*.

3) Ein vor allem aus abgebrühten Intellektuellen zusammengewürfelter Haufen deutete die Situation um. Sie ergingen sich in gesellschaftstheoretischen Analysen, abstrahierten und sublimierten. Forschungsdaten weisen nach, dass viele Kopfarbeiter den Bezug zu Körper und Seele verlieren. Der aufgeblähte und hochentwickelte Geist übernimmt in allen Konfliktsituationen die Führung, und sein oberstes Ziel ist vernunftgesteuerte Kontrolle. Um diesem Zweck zu dienen, muss jede Situation so interpretiert werden, dass sie in ihren Wirkungen für das Gesamtsystem gefahrlos wird. Wir nennen diesen Lösungsansatz *rational*.

4) Eine Gruppe von Männern suchte intrapunitive Lösungen. Sie bestraften sich für irgendwelche Untaten, die zu diesem ganzen Unheil geführt haben mussten, und bezichtigten sich freimütig der grossen

Urschuld. Ein solches Handeln bezeichnen wir als *moralistisch*. Verhängnisvolle Schicksalsschläge werden als Gottesstrafe gedeutet. Da sich – ausser den nichtanwesenden Frauen – keine Schuldigen finden liessen, nahmen diese Männer es auf sich, sich selbst zu sühnen, und erhofften, wenn nicht auf Erden, so doch im nahen Jenseits zum harmonischen Glück zurückzufinden.

5) Schliesslich gab es eine letzte Gruppe, die wir heute als unsere eigentlichen Pioniere betrachten können. Ich sage »Pioniere« und meine nicht »Helden«, weil der männlich-imaginäre Held zu lange unsere Realitätswahrnehmung verdüstert hat. Auch dürfen wir uns keine frohgemuten Männer vorstellen, die nach der »Es gibt viel zu tun – packen wir es an«-Devise ihre Ärmel hochkrempelten. Es waren bestenfalls Männer, die in hellen Momenten nicht ausschliesslich Verzweiflung, Hilflosigkeit und Ohnmacht fühlten. Auch war ihr Handeln weder utilitaristisch noch final motiviert, sondern eher eine Frage des Zufalls. Und vielleicht deshalb einmal anders. Wir nennen dieses Handeln *kontingent*. Diese Männer hatten kein differenziertes ideologisches System ausgeklügelt, wie es sonst für soziale Bewegungen typisch ist, allenfalls rudimentäre Orientierungszeichen. Es gab keinen Führer noch eine auszumachende Kerngruppe, sie waren weder einer Fortschritts- noch einer Ordnungsperspektive verbunden. Ihr Ziel bestand darin, aus dem Jetzigen wieder herauszukommen und tunlichst zu vermeiden, was sie hineingeführt hatte. Was allerdings das Zukünftige sein sollte, wollte man schon gar nicht entwerfen.

Zunächst sagte man sich von Institutionen los, die Träger, Bewahrer und Vermittler der alten Ordnung zu sein schienen: Recht, Militär, Nation, Arbeitgeber- und Arbeitnehmerverbände, Kirche, Wissensinstitute. Dann vergass man die Arbeitszeitdiskussion und machte seinen Job zur Nebenbeschäftigung. Schliesslich wurde jegliche Herrschaftsform für ungültig erklärt, und man übte sich in Musse, Spiel und Bescheidenheit. Die Liebe wurde der Natur erklärt und Feierabend. Ein wahrhaft monumentales Ansinnen.

Kaum einer war sich dabei bewusst, dass er zu einer transformativen Bewegung beitrug auf individueller und überindividueller Ebene. Ein Wir-Gefühl, das andere ausschloss, war nicht vorhanden. Es wurden auch keine Mitglieder geworben, es gab keine feste Gruppe. Das allgemeine Schicksal, die Ausgrenzung und die Deprivation, war verbindend. Dabei war es in erster Linie keine Rationalität, die sie anführte, vielmehr eine emotional-affektive Orientierung. Beinahe das Ergebnis eines kollektiven Offenbarungserlebnisses. Möglicherweise wäre dieses Energiepotential früher oder später zusammengebrochen, wäre nicht in den späten 90er Jahren über erste Kontaktaufnahmen zwischen den Geschlechtern berichtet worden.

I

Einleitung

Sexuelle Gewalt, Gesellschaft und Wissenschaft

In nahezu allen bekannten Gesellschaften hat sexuelle Gewalt einen traditionsreichen Platz. Sie gehört zur Reihe etablierter Umgangsformen, wo immer Männer auf Frauen stossen. Dieses extreme und gleichzeitig gewöhnliche Verhalten von Männern gegenüber Frauen wird massenhaft praktiziert.

In den Vereinigten Staaten wird jährlich mit mindestens einer Viertelmillion Vergewaltigungen gerechnet[2]. In der Schweiz gehen mittlere Schätzungen von 4000 Vergewaltigungen im Jahr aus (siehe Abbildung 3). Diese Zahlen basieren auf der Annahme, dass nur ein kleiner Teil aller Gewaltakte publik wird. Die polizeiliche Kriminalstatistik der Bundesanwaltschaft führt für die Schweiz jährlich rund 400 Fälle von Vergewaltigungen auf. Bei etwa der Hälfte dieser angezeigten Fälle werden die Täter ermittelt (siehe Abbildung 1).

Abbildung 1:
Anzeigen wegen Notzucht (Art. 187 StGB) und
Anzahl ermittelter Täter, Schweiz, 1982–88 *

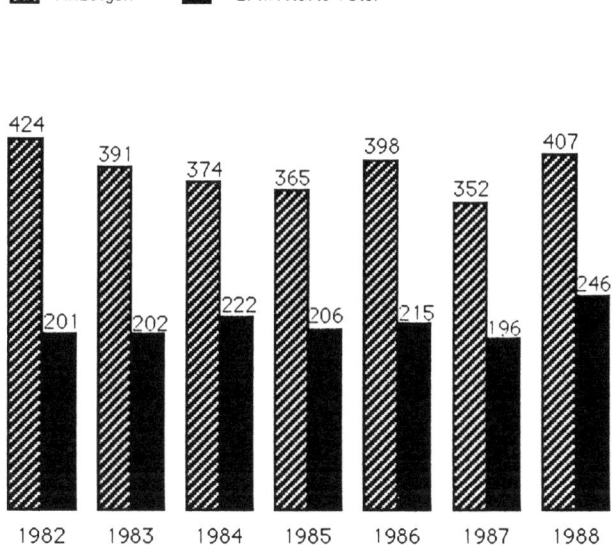

Quelle: Polizeiliche Kriminalstatistiken 1982–1988,
Schweizerische Bundesanwaltschaft / Zentralpolizeibüro, Bern.

* Der jährliche Bevölkerungsstand der Schweiz hat sich in der
Periode 1982–88 nicht wesentlich erhöht (um rund 200'000).

Rund ein Fünftel der Anzeigen führt über den Weg der Justiz zu Verurteilungen (siehe Abbildung 2). Mehr als 60 Prozent aller Urteile in den Jahren 1979–1983 beinhalten Strafen von weniger als 18 Monaten, die meisten davon wurden bedingt ausgesprochen. In den Fällen, in denen unbedingte Zuchthausstrafen verhängt wurden, betrug das durchschnittliche Strafmass drei Jahre.

Abbildung 2:
Verurteilungen wegen Notzucht
(Art. 187 des StGB, Abs. I und II), Schweiz, 1982–87

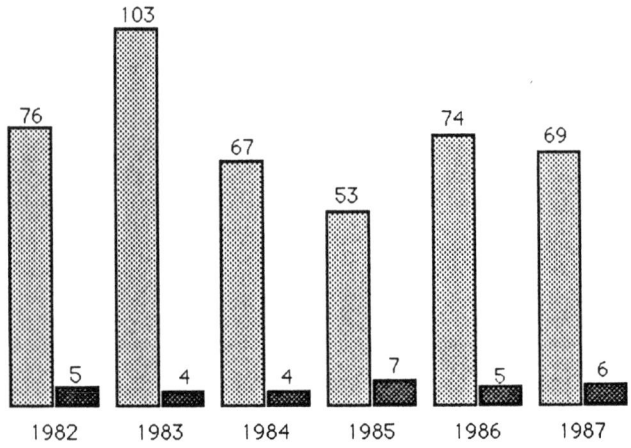

Quelle: Bundesamt für Statistik, Bern

Diese Statistiken beziehen sich ausschliesslich auf Vergewaltigungen, andere sexuelle Gewaltakte (sog. Unzuchtsdelikte) sind hier nicht aufgeführt, und ganz ausgeklammert aus offiziellen Statistiken ist die sexuelle Gewalt in der Ehe. In der Bundesrepublik schätzt Michael Baurmann vom Bundeskriminalamt in Wiesbaden die jährliche Zahl ehelicher Vergewaltigungen auf 160 000. Übertragen auf schweizerische Zahlenverhältnisse ergäben sich etwa 10 000–20 000 Fälle ehelicher Vergewaltigungen pro Jahr.

Gelegentlich werden solche Grobschätzungen kritisiert. Dunkelziffern und Mutmassungen dürften die politische Diskussion um sexuelle Gewalt nicht beeinflussen. Solange sexuelle Gewalt aber tabuisiert ist, solange die Opfer in den meisten Fällen nicht ernst genommen werden und die Täter grosse Handlungsfreiheit geniessen, wird die Bestimmung der Zahl der tatsächlichen Delikte im dunkeln bleiben, und deshalb muss mit Schätzungen gearbeitet werden.

Ebenso ist ungeklärt, ob die Zahl gesamthaft wächst oder abnimmt. Wenn mehr Gewaltfälle statistisch registriert werden, kann diese Zunahme mit offensiverem Anzeigeverhalten der Frauen oder mit grösserer Sensibilität der Justizorgane zusammenhängen, ohne dass sich die Zahl der sexuellen Attacken verändert haben muss. Spekulationen müssen trotzdem erlaubt sein, etwa: Mit zunehmender Selbstbestimmung der Frau steigert sich die Gewalt des Mannes, oder: Der erwachte Kampf zwischen Mann und Frau um Arbeitsplätze und gesellschaftliche Positionen spiegelt sich vermehrt in den Niederungen der sexuellen Gewalt. Doch vorläufig bleiben solche Zusammenhänge Annahmen und wissenschaftlich unentschieden.

In der Schweiz wird etwa jede zehnte Vergewaltigung angezeigt. Jede fünfte dieser Anzeigen führt zu einem Urteil. Wenn eine Vergewaltigung angezeigt wird, ist der Täter noch nicht ausfindig gemacht. Falls er gefunden und der Fall aufgeklärt wird, ist seine Chance, nicht verurteilt zu werden 2:1, d. h., nur jeder dritte wird verurteilt. Vergleicht man diese Zahlen mit der geschätzten Zahl von Vergewaltigungen, so lässt sich ableiten, dass nur rund zwei Prozent aller Täter mit einer Verurteilung rechnen müssen (bei diesen Berechnungen sind die Gewalttaten in der Ehe immer ausgeschlossen).

Diesen einzigartigen Selektionsprozess zeigt Abbildung 3. Daraus wird ersichtlich, in welch geringem Masse die Justiz die sexuellen Gewaltdelikte erfasst, prozessiert und bestraft.

Abbildung 3:
Das Versickern von Vergewaltigungsfällen, Schweiz, 1986

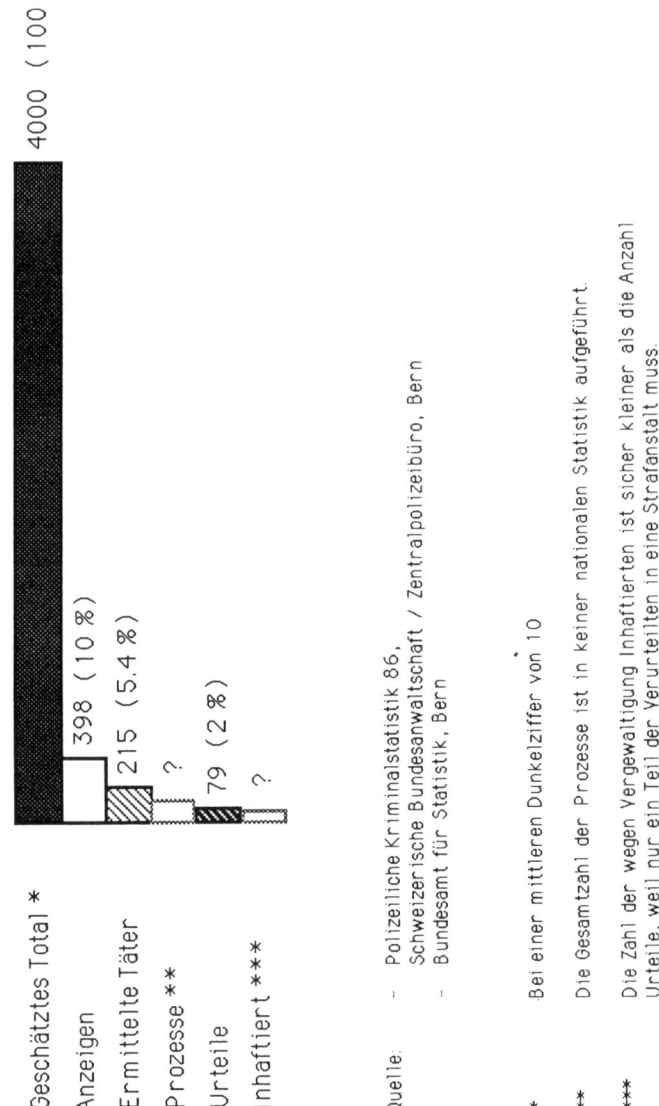

Geschätztes Total *   4000 (100 %)

Anzeigen   398 (10 %)

Ermittelte Täter   215 (5.4 %)

Prozesse **   ?

Urteile   79 (2 %)

Inhaftiert ***   ?

Quelle: – Polizeiliche Kriminalstatistik 86,
             Schweizerische Bundesanwaltschaft / Zentralpolizeibüro, Bern
          – Bundesamt für Statistik, Bern

*   Bei einer mittleren Dunkelziffer von 10

**   Die Gesamtzahl der Prozesse ist in keiner nationalen Statistik aufgeführt.

***   Die Zahl der wegen Vergewaltigung Inhaftierten ist sicher kleiner als die Anzahl
      Urteile, weil nur ein Teil der Verurteilten in eine Strafanstalt muss.

Solche Darstellungen werden in der Literatur unter den Stichworten »attrition of justice« oder »criminal case mortality« behandelt [3]. »Attrition of justice« meint den Verschleiss, den die Wirklichkeit sexueller Gewalt im Umgang mit der Justiz erfährt. Straftaten wie Vergewaltigung haben tatsächlich eine ausserordentlich hohe »Sterblichkeitsrate«: Rund 98 Prozent bleiben ungeahndet.

Die schweizerische Kriminalstatistik unterscheidet zwischen Schweizer Tätern und ausländischen Tätern. Weiterführende Angaben über Ort, Tatzeit, Tathergang, Motive, Ausmass der Gewaltanwendung, Bekanntheitsgrad zwischen Täter und Opfer werden nicht systematisch erfasst. Die Erhebung solcher Daten haben wir uns zum Ziel gesetzt. Ursprünglich strebten wir auch an, die Praxis des Aufnahme- und des Gerichtsverfahrens zu untersuchen, doch wurden entsprechende Anträge vom Nationalfonds nicht gutgeheissen.

Die offizielle Statistik muss wegen der geringen Anzeigebereitschaft der Frauen und der Aufnahmepraxis der Polizei mit grosser Vorsicht gelesen werden. Dazu tragen auch die geltenden Rechtsdefinitionen bei, die Notzucht und Nötigung auf eng umschriebene Tatbereiche festlegen. Danach muss der Mann die Frau mit Gewalt oder durch schwere Drohung zur Duldung des ausserehelichen Beischlafes (Art. 187) oder zu andern unzüchtigen Handlungen (Art. 188) zwingen.

Diese eingeschränkte Sichtweise wird durch weitverbreitete Vorurteile verstärkt. Wenn Menschen sexuelle Gewaltfälle bewerten sollen, und dies gilt hier im besonderen für an Gerichten Beschäftigte, so spielt diese Vermischung von Gesetzestext und Vorurteil eine nicht zu unterschätzende Rolle. Kalven und Zeisel haben für die USA diesen Zusammenhang nachgewiesen [4]. Sie untersuchten 108 Vergewaltigungsfälle vor Gericht, die sie in zwei Kategorien aufteilten. Fälle, in denen ausgeprägte Gewalt ausgeübt wurde oder in denen mehrere Täter beteiligt waren oder in denen sich Opfer und Täter unbekannt waren, nannten sie »schwerwiegende« Delikte. Fälle, in denen keine dieser drei Bedingungen erfüllt war, bezeichneten sie als »einfach«. Gemäss dieser Einteilung enthielt ihre Stichprobe 42 einfache und 64 schwerwiegende Fälle (zwei Delikte liessen sich nicht zuordnen). Zu Verurteilungen kam es in drei einfachen (7 Prozent) und in 42 schwerwiegenden Fällen (66 Prozent). Obschon das entsprechende amerikanische Gesetz ausschliesslich darauf abstellt, ob im Moment des Geschlechtsverkehrs Einverständnis vorlag oder nicht, bewerteten die Gerichte die Vergewaltigungsfälle danach, ob die Frau den Mann provoziert oder verführt habe oder ob sie sich gewehrt hatte oder passiv blieb.

Im schweizerischen Gesetzestext ist die Rede vom Beischlaf, zu dem der Mann die Frau zwingt. Dabei ist es offensichtlich, dass der Gewaltakt mit einem Beischlaf nichts zu tun hat. Hier geschieht eine folgenreiche Verwechslung oder gar Gleichsetzung zweier gegensätzlicher Ereignisse. Daher erstaunt die verbreitete Meinung wenig, einer Frau, die häufig mit verschiedenen Männern sexuell verkehre, könne eine Vergewaltigung nicht soviel ausmachen. Nicht nur Richter und Staatsanwälte, auch die überwiegende Mehrheit der Bevölkerung beurteilen sexuelle Gewalt vor allem als sexuelles Ereignis.

Schon an dieser Stelle gilt es zu betonen, dass bei sexueller Gewalt weniger von gewalttätiger Sexualität auszugehen ist, sondern vielmehr von sexueller Gewalttätigkeit. Das mag als Wortfechterei erscheinen, doch geht es darum zu erkennen, dass an der sexuellen Gewalt die Gewalt das Entscheidende ist. Diese Gewalt sucht sich den Bereich der Sexualität, um den Gewalteffekt zu erhöhen. Aus diesem Grunde wird gelegentlich auch von »sexualisierter Gewalt« gesprochen. Ebenso soll festgehalten werden, dass diese Gewaltform Körper, Geist und Seele der Frau zum Zwecke egoistischer Interessen zu besetzen versucht. Folgerichtig wird auch häufig der Begriff »sexuelle Ausbeutung« synonym verwendet.

Forschungsschwerpunkte:
der Täter, das Opfer und das Publikum

In diesem Buch steht kein individuelles Problem zur Debatte, sondern ein soziales und politisches. Die Ursachen, die Bedingungen und die Folgen sexueller Gewalt können nur ungenügend aus den Persönlichkeiten der Akteure geschlossen werden. Das männliche Handeln muss im Kontext des sozialen Umfelds, der gesellschaftlichen Verhältnisse beschrieben und erklärt werden. Hier ist die Wissenschaft aufgerufen, ihre Verantwortung zu übernehmen. Ihre Aufgabe besteht darin, Entstehungsbedingungen und Verlauf sexueller Gewaltakte zu analysieren und Vorschläge zur Vorbeugung, Intervention und Nachbehandlung zu unterbreiten.

Sexuelle Gewalt gegen Frauen ist erst seit rund 20 Jahren Gegenstand sozialwissenschaftlicher Untersuchungen. Aufgerüttelt durch die Frauenbewegung, haben sich Forscherinnen und Forscher daran gemacht, diese verdeckte Massenerscheinung erkennbar zu machen. Schwerpunkte des Forschungsinteresses bilden die Täter und die Opfer, in einigen Fällen auch das gesellschaftliche Umfeld.

Den *Täteruntersuchungen* haftet ein schwerwiegender Makel an: Sie wurden fast ausnahmslos mit Männern in Haft durchgeführt [5]. Erkenntnisse aus solchen Gefängnis-Studien wurden in der Regel auf alle sexuellen Gewalttäter übertragen. Verurteilte Täter sind jedoch Spezialfälle. Meist haben sie nicht den sozialen Status oder die finanziellen Möglichkeiten, die Richter und Staatsanwälte bewegen können, andere Formen einer Bestrafung anzuwenden oder sie freizusprechen. Inhaftierte Sexualstraftäter haben häufig einschlägige Vorstrafenregister, oder sie waren besonders brutal gegen ihre Opfer. Oft lautet die Anklage nicht nur auf Notzucht oder Nötigung zu einer andern unzüchtigen Handlung, sondern beispielsweise auch auf Raub, Körperverletzung oder gar Mord. Wenn nur wenige Prozent aller Täter im Gefängnis landen, kann diese kleine Minderheit nicht als repräsentativ gelten. Diese Feststellung wird in der vorliegenden Untersuchung illustriert, wenn die Biografien inhaftierter Täter denjenigen der nicht-angezeigten Täter gegenübergestellt werden. Die Forschung muss sich vermehrt auf den Durchschnittstäter konzentrieren und dieser sitzt nicht in der Haftanstalt.

Die *Untersuchung der Frauen* als Betroffene sexueller Gewalt führte in den 70er Jahren teilweise dazu, dass opfertypische Charakteristiken gesammelt wurden [6]. Den Frauen wurde unterstellt, dass sie durch ihr Verhalten und ihre persönliche Ausstrahlung mitverantwortlich seien, wenn Männer gerade sie zum Objekt ihrer Gewalt auswählten. Diesem Irrweg wissenschaftlichen Eifers und Chauvinismus konnte erst Einhalt geboten werden, indem eindeutig belegt wurde, dass jede Frau unabhängig von Persönlichkeitseigenschaften und sozialen Attributen von männlicher sexueller Gewalt getroffen werden kann. Die Aufmerksamkeit gilt seither wieder den Möglichkeiten, die eine Frau hat oder sich aneignen kann, um sexueller Gewalt wirkungsvoll zu begegnen oder um mit den Folgen umzugehen.

Die Öffnung der Diskussion auf die Ausbeutung von Kindern ist ausserordentlich wichtig und längst überfällig [7]. Beide Themen, Gewalt gegen Frauen und solche gegen Kinder, sollten gemeinsam betrachtet werden, da die Motive der Männer zur Gewalt und die gesellschaftlichen Einstellungen und Reaktionen sich an vielen Stellen überlagern. Es war in unserer Untersuchung aus ökonomischen Gründen nicht möglich, Gewalt gegen Kinder systematisch mit einzubeziehen. Wenn immer möglich, sollte aber männliche Gewalt nicht nach Opfergruppen unterschieden werden. Eine solche Teilung kann dazu führen, dass das eine gegen das andere ausgespielt wird. Vorbildlich in diesem Sinne war eine Tagung des Europarates im Herbst 1987, an der Gewalt gegen Kinder, Frauen und alte Menschen gemeinsam behandelt wurde. Konträr dazu verläuft die aktuelle Forschungssituation in den USA. Dort wird behauptet, Gewalt gegen Frauen sei jetzt wissenschaftlich ausgereizt, man sei übersättigt. Im Zentrum der Gewaltforschung müsse jetzt, vor allem aus Gründen der Projektfinanzierung, das Kind stehen.

Parallel zur Untersuchung von Männern und Frauen wurde auch vereinzelt das *gesellschaftliche Umfeld* und die Untersuchungspraxis analysiert [8]. Damit konnten dominierende Einstellungen und Bewertungen in der Bevölkerung zur sexuellen Gewalt sichtbar gemacht werden. Den Dimensionen eines solchen sozialen Klimas stehen Männer und Frauen gegenüber, wenn sie Täter oder Opfer sexueller Gewalt sind. Es ist von grosser Bedeutung, ob sich ein gewalttätiger Mann in seinem Handeln von seiner Umwelt grundsätzlich bestärkt fühlt oder ob die Umgebung sich nicht darum kümmert oder ob er mit scharfen Sanktionen rechnen muss. Ebenso ist es entscheidend, wie sehr die Frau mit Unterstützung rechnen kann, wenn sie sich an die Öffentlichkeit wendet. Ebenfalls lohnend erwies sich, die Praxis von Justizorganen wissenschaftlich zu untersuchen, um auf allfällige Mängel oder Vorurteile hinweisen zu können. Dabei geht es darum, die Stufen des Entscheidungsprozesses von der Phase der Anzeige bis zur Phase des Urteils zu reflektieren, um herauszufinden, welche Einflüsse bei der Anzeigenerstellung, beim Ermittlungsverfahren und beim Gerichtsverfahren wirksam werden. Polizei und Untersuchungsbehörden haben die Aufgabe, gesetzwidriges Verhalten zu ahnden, und sollten deshalb prinzipiell auf der Seite der geschädigten Person, hier der Frau, stehen. Wenn die Frau damit rechnen muss, vor den Justizinstanzen als verführende Täterin dazustehen und der eigentliche Täter als Opfer ihrer Provokation oder seiner Biologie, dann müssen Rechtspraktiken revidiert werden.

Perspektiven der Wissenschaft:
Auf welchem Auge sind wir blind?

Nicht nur die Bevölkerung, nicht nur die betroffenen Frauen und Männer, sondern selbstverständlich auch die Wissenschaft hat ihre Vorstellung von den Ursachen der Gewalt. Die Forscherinnen und Forscher haben mehr oder weniger vorgefasste Meinungen und blinde Flecken. Sie suchen sich Methoden aus, mittels derer sie am ehesten glauben, ihre Annahmen überprüfen zu können. Sie wählen einen Forschungsansatz, eine Theorie, die ihnen plausibel erscheint zur Beschreibung und Erklärung sexueller Gewalt. Dass hierbei auch ihre eigene Biografie, ihr persönliches Erkenntnisinteresse eine Rolle spielt, ist offensichtlich. Diese Vorbelastetheit mag nicht der hehren Ethik wissenschaftlicher Objektivität entsprechen, aber sie ist Alltag.

Mit welchen Perspektiven und mit welchen gedanklichen Gebäuden wird sexuelle Gewalt meistens untersucht? Drei Richtungen gilt es zu unterscheiden: eine ausgrenzende, eine strukturelle und eine militante. Die ersten beiden Perspektiven sind vor allem dem Wissenschaftsbetrieb verpflichtet, die dritte der Veränderung und dem Kampf. Politisch sind sie alle drei.

Die *ausgrenzende Sichtweise* umfasst vor allem psychologische, psychoanalytische und psychiatrische Konzepte, solche also, die sich mit der Seele und dem Selbst der betroffenen Akteure, Mann und Frau, beschäftigen. In dieser Forschungstradition wird die Person und ihr Handeln meist als sexuell abweichend charakterisiert. Damit wird der sexuell gewalttätige Mann auf eine ähnliche Stufe gestellt wie etwa der Exhibitionist, der Voyeur oder der Pädophile. Die Annahme lautet, dass sich ein solcher Mann messbar vom normalen Mann unterscheidet und dass es demzufolge darum geht, die Differenzen darzulegen. Populär sind vor allem zwei Unterschiede: Erstens, dem Vergewaltiger fehle die übliche Urteilskraft oder, kurz gesagt, er sei dümmer als der Durchschnittsmann [9]. Zweitens, der Sexualtäter sei psychisch krank [10]. Die sexuelle Gewalt entspringe zwangsläufig den vererbten oder gelernten Zügen des Täters. Gleichzeitig wurde versucht, auch der Frau als Opfer bestimmte Persönlichkeitseigenschaften zuzuschreiben. Durch ihre spezifischen weiblichen Attribute ziehe sie den Täter sozusagen magnetisch an oder zumindest sei sie geradezu prädestiniert, in eine Gewaltsituation zu geraten.

Neuere Befunde zeigen eindeutig an, dass Gewalttätern und Gewaltopfern keine einheitlichen Charakterstörungen nachgewiesen werden können, die sie von anderen Männer- und Frauengruppen unterscheiden [11]. Erklärungen können keinesfalls befriedigen, die das Entstehen von Gewalt ausschliesslich auf der Ebene des Individuums und seiner Familienbeziehungen ansiedeln. Gewalt gegen Frauen ist nicht primär ein Ausdruck pathologischer Wesenszüge gewalttätiger Männer.

Die *strukturelle Sichtweise* geht davon aus, dass individuelles Handeln kulturell geprägt ist. Normen und Regeln sind es, die das Verhalten der Einzelnen bestimmen. Die sozialen Bedingungen werden untersucht, die Männer und Frauen so geformt haben, dass sexuelle Gewalt möglich wurde. Männer sind nicht zuletzt gewalttätig, weil ihre Geschlechtsrolle ihnen Gewalt als Lösungshilfe bei Konflikten nahelegt.

Diese gesellschaftliche Perspektive wird der Realität sexueller Gewalt sicher gerechter als die psychopathologische. Allerdings gab es auch hier Tendenzen, Täter und Opfer von der Mehrheit der Bevölkerung auszugrenzen. Grosser Beliebtheit erfreut(e) sich die These, dass sexuelle Gewalt ein subkulturelles Problem sei und vor allem in ärmeren Schichten der Gesellschaft vorherrsche, wo grundsätzlich mehr Kriminalität und Brutalität anzutreffen sei (Amir [5]). Diese verhängnisvolle Behauptung ist bis heute verbreitet, weil Täteruntersuchungen fast immer im Gefängnis durchgeführt werden.

Die *militante Sichtweise* wird vor allem von Feministinnen vertreten [12]. Ihnen ist es zu verdanken, dass die totgeschwiegene sexuelle Gewalt von der Öffentlichkeit in breitem Masse zur Kenntnis genommen werden musste. Sie waren diejenigen, die erstmals die Scheinheiligkeit anprangerten, mit welcher männlich dominierte Systeme sich um die sexuelle Gewalt zu drücken versuchten. Sie hatten genug davon, dass Politiker nicht müde wurden, den unantastbaren Privatbereich von Partnerschaft und Sexualität zu beschwören. Sie verlangten Gesetzesrevisionen, Unterstützung für betroffene Frauen und eine Aufhebung der Privilegien für Männer. Für sie ist offenkundig, dass sexuelle Gewalt in der patriarchalen Struktur unserer Gesellschaften begründet ist.

Die drei unterschiedlichen Perspektiven beeinflussen sich gegenseitig. Forscherinnen und Forscher treten heute mit gemischten Konzepten an die Untersuchung sexueller Gewalt heran. Drei sich ergänzende Dimensionen stehen dabei im Vordergrund. Erstens: Der konditionierende Ansatz beschreibt, wie Individuen lernen, Gewalt anzuwenden, wie sie lernen, gewaltsames Verhalten zu rechtfertigen [13]. Sie entwickeln Bilder über sich selbst, die mit aktivem Missbrauch oder passivem Missbrauchtwerden übereinstimmen. Solches Verhalten wird gestützt durch Normen, die die Gewalt des Mannes befürworten und die Gegengewalt der Frauen missbilligen. Die Geschlechtsrollenkonzepte tragen einen wesentlichen Teil zur Erhaltung von Gewaltbeziehungen bei. Zweitens: Der situationale Ansatz diskutiert Möglichkeiten, wie Männer und Frauen sich anders verhalten könnten. Ihr Handeln wird in besonderem Masse von der Situation bestimmt. Diese wiederum ist davon abhängig, in welchem sozialen Umfeld Männer und Frauen leben. Solange ein Machtungleichgewicht das Verhältnis von Männern und Frauen kennzeichnet, ist sexuelle Gewalt eine Folge davon und gleichzeitig ein Faktor, der dieses Ungleichgewicht aufrechterhält. Drittens: Der zyklische Ansatz beschreibt, welche Effekte Gewalt auf Opfer und Täter hat. Vor allem in gewaltgeprägten Dauerbeziehungen befinden sich Mann und Frau in gegenseitiger Abhängigkeit und Isolation. Dadurch wird zu erklären versucht, warum sowohl Opfer als auch Täter in der Beziehung verharren oder nach einem Ausbruchsversuch wieder zurückkehren.

Die wissenschaftlichen Positionen und Entwicklungen spiegeln sich mehr oder weniger verzerrt in der Bevölkerung. Die öffentliche Meinung, bestärkt durch Politik und Medien, bevorzugt zur Erklärung sexueller Gewalt Gründe wie Trunkenheit, Eifersucht, sozioökonomische Benachteiligung, Vererbung oder gar masochistische Tendenzen des Opfers. Solche Faktoren sind selten die wahren Ursachen, sie werden auch meist nur zur Rechtfertigung herangezogen. Sie sollen Gewalt gegen Frauen als abweichendes Verhalten charakterisieren. Als tragische und extreme Ereignisse, die durch abnorme Männer oder leichtfertige Frauen provoziert werden oder an denen eine ungesunde Umwelt Schuld trägt.

Die Montage der Vorurteile

Wer über sexuelle Gewalt schreibt, muss davon ausgehen, dass das lesende Publikum über einen Erfahrungs- und Wissensschatz verfügt, dessen Umfang nur erahnt werden kann, der aber als Ausgangspunkt zu berücksichtigen ist.

Was geschieht, wenn Frauen und Männer von einem Vergewaltigungsfall hören, sei es durch die Medien, durch eine Freundin oder durch die eigene Tochter? Die folgende Geschichte wurde aus verschiedenen Protokollen zusammengesetzt. In dieser Art könnte sie sich täglich ereignen.

Ich war gestern abend in der Stadt. Zu Hause fiel mir die Decke auf den Kopf, also wollte ich ein bisschen unter Leute gehen. Zufällig traf ich in einer Bar einen Mann, den ich dort schon einige Male gesehen hatte. Ich war froh über diese Begegnung, wir unterhielten uns, er fragte mich, ob er mich zum Essen einladen darf. Ich willigte gerne ein, und wir plauderten und lachten bis etwa um 23 Uhr. Den Kaffee könnten wir doch auch bei ihm trinken, er wohne gerade nebenan. Ich hatte nichts dagegen, weil es mich immer wunder nimmt, wie Menschen leben. In seiner Wohnung tranken wir Wein, und er erzählte mir von seiner Arbeit. Als es für mich spät wurde und ich gehen wollte, wurde er aufdringlich. Ich stiess ihn zurück, sagte ihm, er solle nicht alles verderben. Er lachte mich aus: Ich solle nicht so tun, ich sei ja auch zu ihm nach Hause gekommen um diese Zeit, und ich hätte bestimmt auch Lust. Es sei doch von Anfang an klar gewesen, dass man miteinander schlafe. Er umarmte mich, zerrte mich auf die Couch, versuchte mich zu küssen. Ich schrie ihn an, doch als er mich zu würgen begann, hatte ich riesige Angst und wehrte mich nicht mehr. Es ging alles sehr schnell. Ich war wie gelähmt. Nachher, als er in die Küche ging, um mir den versprochenen Kaffee zu machen, rannte ich aus der Wohnung, ins nächste Taxi, zu mir nach Hause.

Wenn Menschen über Vergewaltigungssituationen nachdenken, dann tauchen immer wieder ähnliche Bilder auf. Aus diesem Grunde werden solche Deutungsmuster auch häufig »Mythen« genannt. Wie stark diese in der Bevölkerung verankert sind, soll im folgenden an der exemplarischen Studie von Kurt Weis aus dem Jahre 1982 aufgezeigt werden [8]. Ursprünglich sollte die Untersuchung von Weis in der Schweiz nachvollzogen werden, doch konnten keine finanziellen Mittel dafür gefunden werden. Deshalb können an dieser Stelle keine repräsentativen Schweizer Ergebnisse vorgestellt werden.

Im Kontext sexueller Gewalt dominieren fünf Vorurteilsmuster:

1. Frauen provozieren oft sexuelle Gewalt
Die Frau aus unserer Geschichte trägt Mitschuld, so will es dieses Vorurteil. Sie machte mindestens vier folgenreiche Fehler, für die sie die Verantwortung übernehmen muss. 1. Sie hätte nicht abends alleine in eine Bar zu gehen brauchen. Besser wäre es gewesen, zum Beispiel eine Freundin anzurufen. 2. Sie unterhält sich dort mit einem fremden Mann, den sie flüchtig vom Sehen kennt, obwohl sie weiss, dass Bars und ähnliche Orte Szenen des Anmachens sind. 3. Sie lässt sich nach wenigen Minuten von ihm zum Essen einladen. Sie müsste wissen, dass er dafür eine Gegenleistung erwartet. 4. Schon gar nicht hätte sie um diese Zeit seine Einladung annehmen dürfen, in seine Wohnung zu gehen, um Kaffee zu trinken. Damit war nämlich eigentlich alles klar. Zu allem Überfluss trank sie dort auch noch Wein. Dass sie sich dann noch wunderte über sein Verhalten, sei unglaubwürdig.

In der repräsentativen Umfrage von Weis in der BRD waren 56 Prozent der Befragten der Meinung, wenn eine Frau sich von einem fremden Mann in ein Lokal einladen lässt, dann dürfe der Mann daraus schliessen, die Frau würde seine sexuellen Wünsche nicht ablehnen, oder die Frau macht sich mitschuldig, wenn der Mann sie vergewaltigt. Wenn die Frau den Mann in seine Wohnung begleitet, sehen 88 Prozent darin einen Hinweis auf die sexuelle Bereitschaft der Frau. Wenn Frauen sich aufreizend kleiden, dann provozieren sie Männer zur Vergewaltigung, meinen 75 Prozent.

2. Keine Frau kann gegen ihren Willen vergewaltigt werden
Hätte sie sich gewehrt, wäre sie nicht vergewaltigt worden. Der berühmte Vergleich mit dem Faden, der nicht eingeführt werden kann, wenn sich die Nadel bewegt. Immerhin noch jede vierte befragte Person glaubt an die technische Unmöglichkeit der Vergewaltigung. Nicht wenige Ärzte bestärken diese Ansicht mit dem Hinweis auf die kräftige Adduktorenmuskulatur der Frau.

3. Frauen wünschen sich insgeheim, vergewaltigt zu werden
Nur noch 7 Prozent der Bevölkerung in der BRD glaubten 1982 an
diesen Mythos. Ein Viertel der Befragten vermutet allerdings, dass
Frauen masochistische Tendenzen haben, und gehen davon aus, dass
für solche Frauen eine Vergewaltigung weniger schlimm ist. Dasselbe
gilt für Frauen, die schon lange keinen Sexualkontakt mehr hatten (25
Prozent), oder für solche, die häufig ihren Partner wechseln (39 Prozent), selbstverständlich auch für Prostituierte. Fast jede fünfte befragte Person glaubt, Frauen könnten bei einer Vergewaltigung zu
einem Orgasmus kommen.

4. Vergewaltigung ist ein Triebverbrechen
Der Mann aus der Geschichte war durch das Entgegenkommen der
Frau schon so in Fahrt, dass er nicht mehr aufhören konnte. Sein Sexualtrieb war übermächtig. Wenn dann die Frau plötzlich nicht mehr
will, kann es leicht zu einer Vergewaltigung kommen. Drei Viertel
der westdeutschen Bevölkerung glauben diese Theorie. Es ist die
Theorie des überhitzten, unkontrollierbaren Dampfkessels. Die Sexualität des Mannes als einfachstes Reiz-Reaktions-Modell. Etwas
vornehmer klingt es oft aus Psychologenstuben: Vergewaltiger versuchen mit dem Opfer den infantilen Wunsch auszuleben, ihre verfüh-
rerische, aber abweisende Mutter zu unterwerfen. Wie auch immer,
die Täter werden meist als krank, sexuell abweichend, kriminell beschrieben. Der Täter findet letztlich mehr Verständnis als das Opfer.

5. Der Täter ist ein Fremder
In der fiktiven Geschichte bestätigt sich dieses weitverbreitete Vorurteil. Die Frau kennt den Mann nur vom Sehen. Wäre er ihr bekannt
gewesen, wäre es nicht passiert. Mehr als 70 Prozent der Befragten
glauben, die meisten Vergewaltigungen würden von Fremden begangen. Nimmt der Bekanntheitsgrad zwischen Opfer und Täter zu, so
wird eine Vergewaltigungssituation deutlich weniger als Vergewaltigung eingestuft.

Welche Gruppen glauben vor allem an diese Mythen? Überraschen-
derweise unterscheiden sich die Männer nicht wesentlich von den
Frauen in bezug auf solche Einstellungen. Viel eher sind die Vor-
urteilsbehafteten bei denjenigen zu suchen, die stärker Recht und
Ordnung befürworten, stärker die Anwendung von Gewalt bejahen,
rigidere Einstellungen zur Sexualität haben oder allgemein frauen-
feindlicher eingestellt sind.

Solche Mythen sorgen dafür, dass das Opfer doppelt bestraft wird: Zum einen durch die Vergewaltigung, zum andern durch die Zuschreibung einer Mit- oder gar Alleinschuld und die gleichzeitige Entlastung der Täter von Verantwortung. Diese Vergewaltigungsmythen senken bei potentiellen Tätern die Hemmschwelle, halten die allermeisten Opfer von der Anzeige ab und machen Vergewaltigung zum rechtsfreien Delikt.

Die Situation für die betroffene Frau sieht um so schlechter aus, je näher sich Täter und Opfer bekannt sind. In diesen sogenannten »Beziehungstaten« soll es besonders schwierig sein, zwischen Täter und Opfer zu unterscheiden. Anders wird die Situation auch beurteilt, wenn einem das Opfer persönlich nahesteht. Es gehört für vergewaltigte Frauen mit zu den grössten Demütigungen, wenn ihnen von ihrem Ehemann, Freund, Vater oder ihrer Mutter usw. das Erlebnis nicht geglaubt wird, sie im Gegenteil verdächtigt und verachtet werden. Oft wird ihnen vorgehalten, sie hätten nur ein sexuelles Abenteuer gesucht und gefunden und würden im nachhinein dafür eine Ausrede suchen.

Angenommen, eine Frau will keinen Geschlechtsverkehr mit einem Mann. Wie darf sie sich verhalten, ohne damit rechnen zu müssen, dass der Mann den Geschlechtsverkehr notfalls auch mit Gewalt erzwingt? Auf diese Frage meinten 52 Prozent der Befragten in Weis' Studie, sie dürfe sich mit ihm unterhalten. Fast die Hälfte der Bevölkerung war also der Ansicht, schon ein Gespräch öffne grundsätzlich den Weg zur Gewalt. Jede dritte befragte Person billigt der Frau zu, sie dürfe sich von ihm nach Hause begleiten lassen. Jede sechste ist der Meinung, sie dürfe sich küssen lassen oder ihn in seine Wohnung begleiten. Mehr als 80 Prozent glauben demnach, eine Frau müsse mit einer Vergewaltigung rechnen, wenn sie einen Kuss zulässt oder zu ihm nach Hause geht.

Die Bevölkerung schätzt die Möglichkeit einer Vergewaltigung für eine Frau sehr hoch ein und macht das Eintreten eines solchen Gewaltaktes gleichzeitig von ihrem Verhalten abhängig. Diese Einstellungen haben Auswirkungen auf das Alltagsverhalten der Frauen. Die Angst vor der Gewalt und die Angst vor der sozialen Abwertung haben konkrete Folgen auf ihre Bewegungsfreiheit.

Vier von fünf befragten Frauen vermeiden aus Angst vor Belästigungen, sich im Dunkeln in unbelebten Strassen aufzuhalten oder per Anhalter zu fahren. Mehr als 60 Prozent stehen im Dunkeln nicht am

Bahnhof oder an einer Bushaltestelle. Gleich viele lassen keine Vertreter, Botengänger und ähnliche Personen allzu schnell in die Wohnung. Die Hälfte vermeidet den Aufenthalt in ziemlich leeren Eisenbahnabteilen oder Bussen. Jede dritte hält sich tagsüber nicht in unbelebten Gegenden auf. Jede vierte Frau fährt nachts nicht allein Auto oder fährt nicht alleine mit einem Mann im Fahrstuhl. Immerhin 13 Prozent verzichten auf die Teilnahme an Betriebsausflügen.

Männer empfehlen Frauen zu etwa gleich viel Prozent solche Verhaltensregeln, um nicht belästigt zu werden.

Die Gesellschaft, Männer und Frauen, verlangt von Frauen, dass sie bestimmte Situationen meiden, und die Frauen scheinen sich zu grossen Teilen auch daran zu halten. Frauen werden häufig, vor allem abends, als »unvollständige Partizipationseinheiten« (Weis) angesehen und nehmen sich auch so wahr. Eine Frau gilt ohne die Begleitung eines Mannes als nicht komplett und löst eine Vielzahl von mehr oder weniger fragwürdigen Galanterien aus. Es gibt Zeiten und Plätze, die für einzelne weibliche Personen als nicht respektabel und nicht vorteilhaft angesehen werden. Befolgt die Frau diese Regeln, passiert ihr auch nichts, so lautet der Tenor. Anständige Frauen können nicht vergewaltigt werden. Werden sie es dennoch, waren sie eben unanständig. Aktive Frauen, solche, die diese Normen nicht befolgen, haben keine Moral und sind dann selbst schuld, wenn ihnen etwas passiert. Sie provozieren die Gewalt.

Was ist von solchen Verhaltensregeln zu halten? Zunächst schränken sie mehr als die Hälfte der Bevölkerung in ihrer Freiheit ein. Des weiteren passen sie in das gängige Klischee: Vergewaltigungen würden von fremden, abnormen Männern verübt, ereigneten sich in dunklen, abgelegenen Gegenden, gegen unanständige, leichtbekleidete, junge, hübsche Frauen.

Frauen, die in die Situation einer drohenden Vergewaltigung geraten, wird häufig empfohlen, sich nicht zu wehren, weil sie dann erst recht Gewalt auf sich ziehen würden, nicht zu schreien, dadurch könnte der Täter wütend werden. Sie sollen mit ihm sprechen, ihn um Verständnis bitten, versuchen, ihn in eine belebtere Gegend zu locken, auf ihn eingehen, ihm von ihrem Leben erzählen, sich nach seinem Wohlbefinden, seinen Hobbys erkundigen. Es ist das Ziel unserer Studie aufzuzeigen, inwieweit die beschriebenen Vorurteile und die gängigen Ratschläge zu sexueller Gewalt mit der Wirklichkeit übereinstimmen.

Der Weg zu den Männern und Frauen und die Art des Gesprächs

Zur Telefonaktion

Für unsere Forschungsgruppe stellte sich die Aufgabe, mit männlichen Tätern und weiblichen Opfern sexueller Gewalt ins Gespräch zu kommen. Es ist von einer riesigen Zahl solcher Männer und Frauen auszugehen. In den Vereinigten Staaten etwa müssen 20 bis 30 Prozent der heute 12jährigen Mädchen im Laufe ihres Lebens mit einem gewalttätigen sexuellen Angriff rechnen [14]. Manches spricht dafür, dass solche Zahlen auch annähernd für mitteleuropäische Verhältnisse zutreffen. In aller Regel aber haben die gewalttätigen Männer und die betroffenen Frauen wenig Interesse daran, mit ihren Erfahrungen an die Öffentlichkeit zu gehen. Zu gross ist die Angst der Männer vor einer Verurteilung und diejenige der Frauen vor einem erneuten Missbrauch ihrer Person. Erst wenn Männern und Frauen völlige Anonymität und wissenschaftliche Methodik garantiert werden und gleichzeitig Ziele und Zwecke der Untersuchung offen dargelegt werden, besteht Aussicht auf das Erreichen der Zielgruppen. Die Erfahrungen von Kurt Weis mit Frauen in Saarbrücken bestärkten uns, eine ähnliche Forschungsstrategie für die Schweiz anzuwenden.

Für die Dauer von zwei Wochen, vom 22. August bis 2. September 1988, wurden an der Sozialforschungsstelle der Universität Zürich zwei Telefonanschlüsse eingerichtet, der eine für Frauen, der andere für Männer. Zwölfmal 24 Stunden waren schichtweise vier Mitarbeiterinnen und vier Mitarbeiter bereit, Anrufe entgegenzunehmen. Damit möglichst viele Frauen und Männer erreicht werden konnten, wurde vor der Telefonaktion in der gesamten Schweiz via Medien über die Untersuchung informiert. Diese breitangelegte Kampagne (Presse, Rundfunk, Fernsehen) ermöglichte es, die Zielgruppen zu erreichen.

Von Anfang an war es nicht unser Ziel, eine Stichprobe aus der Gesamtpopulation von potentiellen und manifesten Vergewaltigern oder von potentiellen und tatsächlichen Opfern zu ziehen, denn dann hätten wir im Grunde genommen alle Männer und Frauen im

Erwachsenenalter berücksichtigen müssen. Vor allem aus ökonomischen Gründen kam ein solches Vorhaben nicht in Frage.

Die Männer und Frauen, die die beiden Nummern wählten, sind unsere Stichprobe. Diese Auswahl ist nicht repräsentativ für die Gesamtbevölkerung. Zu viele Faktoren verbieten eine Generalisierung. Beispielsweise ist nicht zu ermessen, wer durch die Medienaktion nicht erreicht werden konnte, wer zum Zeitpunkt der Telefonaktion sich auswärts aufhielt, wer von den Zielpersonen bereit war, anzurufen, oder wer sich durch belegte Telefonlinien entmutigen liess. Es gab Frauen und Männer, die Dutzende Male die Nummer wählen mussten, bis die Leitungen endlich frei waren.

Selbstverständlich gab es im Vorfeld grosse Bedenken, dass mit einer solchen Telefonaktion kein Weg zu Frauen und Männern gefunden werden kann. Bezogen auf die Opfer sexueller Gewalt wurde diese Skepsis sowohl durch »erfolgreiche« Untersuchungen in den USA als auch in der Bundesrepublik entkräftet (Russell; Weis). Geradezu massiv wurde Kritik geübt gegen unsere Absicht, gewaltausübende Männer auf diese Art und Weise kontaktieren zu wollen. Welches Interesse sollte ein Mann, der einer Frau sexuelle Gewalt angetan hatte, daran haben, über diese Tat zu sprechen? Es wurde uns prophezeit, dass allenfalls Lügen und Obszönitäten berichtet würden. Tatsächlich war uns zum Zeitpunkt der Untersuchung keine Forschungsarbeit bekannt, die mittels einer solchen Methode versucht hatte, gewalttätige Männer zu erreichen. Erst einige Monate später machte mich anlässlich eines Kongresses über Gewalt ein Kollege auf eine unveröffentlichte Arbeit über nicht-angezeigte Täter aufmerksam [15].

Einschlägige Interviewerfahrungen mit Opfern sexueller Gewalt haben gezeigt, dass für unsere Forschungsziele halbstrukturierte Fragebögen geeignete Hilfsmittel sind. Allzu strikte Fragebögen hätten Gespräche im Keime erstickt, genauso wie völlig offene Interviews zu Uferlosigkeit und Unvergleichbarkeit der Ergebnisse geführt hätten. So legten wir in der Vorbereitungsphase inhaltliche Themenbereiche fest, über die wir mit den Frauen und Männern sprechen wollten. Wir beabsichtigten auch, offen zu bleiben für Themen, die von den Anruferinnen und Anrufern eingebracht wurden und die wir nach Absprache in den Fragekatalog integrierten. (Die Anzahl und die Art der Daten legte für die Auswertung sowohl inhaltsanalytische Verfahren als auch deskriptive Statistik nahe. Textanalysen, Kreuztabellen und Indexierungen verdichteten die Aussagen der Männer und Frauen.)

Noch eine Anmerkung zur Zuverlässigkeit und Glaubwürdigkeit der auf die beschriebene Weise erhaltenen Berichte von Frauen und Männern. Einzelne Gewaltforscher bezeichnen solche Erklärungen als »Rekonstruktionen sozial verbindlicher Normalitätsentwürfe« und wehren sich dagegen, sie als mehr oder minder zutreffende Mitteilungen über ein faktisches Geschehen aufzufassen [16]. Ich teile diese Ansicht nicht. Selbstverständlich lässt sich nicht mit absoluter Gewissheit sagen, dass die gemachten Angaben wahr sind, dennoch gibt es plausible Gründe für deren Gültigkeit. Zunächst ist die anonyme Gesprächssituation sicherlich ein Ansatzpunkt, der gegen Unglaubwürdigkeit spricht. Weil sich die anrufenden Personen nicht zu erkennen geben mussten, weil sie wussten, dass ihre Angaben wieder vernichtet werden, gab es für sie wenig Anlass zu Fehldarstellungen. Die Mitarbeiterinnen und Mitarbeiter der Forschungsgruppe verteilten weder Lob noch Tadel, sie hörten einfach zu und stellten gelegentlich Fragen. Des weiteren entspricht ein Gespräch über eine sexuelle Gewalttat keiner lockeren Unterhaltung, sondern ist eine ziemlich ernste Angelegenheit. Einige Anruferinnen und Anrufer wollten beispielsweise nicht, dass wir das Tonband mitlaufen liessen, um sicher zu gehen, dass ihre Aussagen nicht in falsche Hände geraten. Die Authentizität der anrufenden Personen zeigte sich vor allem daran, wie sie über ihre Erfahrungen berichtet haben. Vielen fiel es ausserordentlich schwer, überhaupt über ihre Verletzungen zu sprechen oder zu ihren Taten zu stehen. Um sicher zu gehen, dass die Aussagen auch im Detail zuverlässig waren, fragten wir an einigen Stellen nach, wo wir glaubten, Ungereimtes zu erkennen. Bloss in zwei Fällen zeigten sich Widersprüche, so dass wir diese beiden Berichte aus der Untersuchung gestrichen haben.

Zu den Gefangeneninterviews

Es war nicht die Absicht, eine repräsentative Stichprobe der verurteilten und inhaftierten Notzuchttäter zu interviewen. Wer sich mit ähnlichen Forschungsfragen im Bereich der Kriminaljustiz beschäftigt, weiss um die Schwierigkeiten eines solchen Unterfangens. Da bloss ein Teil aller verhafteten und wegen Notzucht angeklagten Männer sowohl verurteilt als auch eingesperrt wird, war die Zahl der in Betracht kommenden Interviewpartner von vornherein gering.

Der Weg zu diesen inhaftierten Delinquenten führt über Staatsanwaltschaften. Diese wissen in aller Regel, in welchen Strafanstalten die von den zuständigen Strafgerichten (auch Bezirks- oder Obergerichte genannt) verurteilten Männer ihre Haft verbüssen. Die Staatsanwaltschaften der Kantone Aargau, Basel-Land, Basel-Stadt, Luzern, St. Gallen und Zürich erklärten sich zur Mitarbeit bereit. Des weiteren wurden die bernische und bündnerische Staatsanwaltschaft angefragt. Beide sagten aus Gründen der Überlastung ab. Weitere Kantone wurden nicht angeschrieben, entweder weil mit zu wenigen Tätern gerechnet werden musste oder weil dem Interviewstab sprachliche Limiten gesetzt waren (bzgl. französischer und italienischer Schweiz).

Wir übergaben den Staatsanwaltschaften ein Formblatt, welches den uns unbekannten Tätern zugestellt wurde, sei es direkt durch die Staatsanwaltschaft oder über die Gefängnisdirektion oder über die jeweiligen Sozialdienste. Falls die Anstaltsleitungen oder die psychiatrischen Instanzen der Meinung waren, ein Interview wirke sich für den Resozialisierungsprozess des Mannes ungünstig aus, wurden diese Anfragen nicht weitergeleitet. Erst wenn diese Hürden genommen waren und der betreffende Delinquent sein schriftliches Einverständnis zum Gespräch gab, erfuhren wir seinen Namen und seinen Aufenthaltsort. In der Folge arrangierten wir in Absprache mit den Sozialdiensten den Interviewtermin.

Die Gespräche mit den 13 Männern wurden mündlich in einer »face-to-face«-Interview-Situation mittels eines halbstandardisierten Fragebogens durchgeführt. Der Entscheid gegen eine vollständige Standardisierung fiel aufgrund von Erfahrungen, die mit Täterbefragungen gemacht wurden. Es sollte vermieden werden, dass der Befragte eine von ihm in Untersuchungsverfahren gelernte und automatisierte Rollenfigur ausspielt, in einem Gespräch, das entlang vorgegebener Fragen und Antwortmöglichkeiten verläuft. Die Männer sollten von sich aus Themen ansprechen können und Gewichtungen vornehmen. Auf jeden Fall sollte ihnen das Interview nicht als Fortsetzung ihrer Verhör-Karriere erscheinen. Durch die explorative Ausrichtung wurden unvorhersehbare Meinungsäusserungen angestrebt. Die Halbstandardisierung garantierte die Behandlung einer Serie von zentralen Themen. Aufgrund der grossen Schwierigkeiten, die angestrebte Zahl von 10–15 Interviews zu erreichen, verzichteten wir auf einen Probelauf. Hingegen behielten wir uns vor, unsern Fragebogen im Laufe der Interviewserie zu modifizieren. Innerhalb der Interviewergruppe wurde die Befragungssituation wiederholt simuliert und angepasst. In den fünf Fällen, in denen die Aussagen der Delinquenten zum Tatgeschehen in wesentlichen Punkten von den Informationen abwichen, die wir im Vorgespräch mit den Anstaltsexperten gewonnen hatten, sicherten wir die Daten durch den Beizug der entsprechenden Justizakten. Die Interviews mit den Delinquenten dauerten durchschnittlich 90 Minuten, die Gespräche mit den Fachpersonen je etwa 30 Minuten.

II

»Wenn man ein halbwegs
normaler Mann ist«

Geständnisse nicht-angezeigter Täter

Sexuell gewalttätige Männer sind in der Regel nicht bereit, öffentlich zu ihren Handlungen zu stehen. Erst wenn Beweise keine Ausweichmöglichkeiten mehr zulassen, erst wenn der Staat in Gestalt eines Gerichts den Mann unmissverständlich mit seiner Tat konfrontiert, gibt ein Teil der Männer ihr Verhalten zu. Die anderen Männer, die nie angezeigt, angeklagt oder verurteilt werden, sehen meist keinen Grund, sich zu ihrer Täterschaft zu bekennen. Daraus ergibt sich die paradoxe Situation, dass unzählige Frauen glaubwürdig über erlittene sexuelle Gewalt berichten und kaum ein Mann diese Gewalt zugibt. Aussage steht gegen Nicht-Aussage. Zeugen gibt es meist keine.

Wie kann es gelingen, das Schweigen der Männer zu brechen? Zunächst muss garantiert werden, dass ihnen durch ihr Bekenntnis zur ausgeübten Gewalt keine strafrechtlichen Konsequenzen entstehen. Diese Bedingung wird erfüllt durch die Anonymität der Gesprächssituation (Telefon, keine Namensnennung) und durch die Garantie, dass die gewonnenen Daten im alleinigen Besitz der Forschungsgruppe bleiben. Des weiteren müssen die anrufenden Männer davon ausgehen können, dass sie berichten können, ohne dass der Zuhörende sie sogleich verurteilt und verdammt.

Das Interesse des Forschers besteht darin, die Motive des Mannes zu verstehen, die ihn zur sexuellen Gewalt veranlasst haben. Vorschläge zur Prävention und Therapie sind unvollständig, wenn die Beweggründe des Täters nicht berücksichtigt werden. Der Impuls zur Gewalt muss auch aus den Aussagen des Mannes geschlossen werden. Zusätzlich interessiert, welche Strategie der Mann anwandte, welche Situation er als günstig erachtete und welche Faktoren seine Entscheidung zum Handeln bestimmten.

Warum sollten die Männer uns den Gefallen machen, über ihre sexuellen Gewalttaten zu sprechen? Wir gehen davon aus, dass diese Männer ein Bedürfnis haben, ihr Verhalten zu legitimieren, dass ihnen daran liegt, dass wir ihr Handeln verstehen. Zusätzlich ist zu vermuten, dass manche erleichtert sind, sich eine Tat von der Seele zu reden, von der sie spüren oder wissen, dass sie von Gesetzes wegen oder aus moralischen Gründen zu verurteilen ist. Daher erwarteten wir eine positive Reaktion auf unser Gesprächsangebot.

Der telefonische Anschluss für Männer war wie derjenige für Frauen 288 Stunden offen. Das Männer-Telefon klingelte während dieser Zeit 212 Mal.

Bei gut einem Drittel der Fälle wurde die Leitung sofort wieder durch Aufhängen unterbrochen.

15 Mal wollten Frauen mit den männlichen Mitarbeitern über sexuelle Gewalt diskutieren:

»Sie sind doch ein Mann. Jetzt will ich Sie einmal fragen, wie kommt mein Mann dazu, mit mir zu schlafen, obwohl ich ihm sage, dass ich das nicht will? Ist es euch Männern denn egal, ob die Frauen Lust dazu haben oder nicht? Sagen Sie mir, warum er das tut. Das kann ihm doch keinen Spass machen.« (54 J., verheiratet)

In neun Fällen wurden wir von Männern beschimpft. Es wurde uns vorgeworfen, ein Randproblem, für das die Frauen selbst die Schuld tragen, aufzubauschen. Wir seien keine richtigen Männer und offensichtlich krank.

Weitere 15 Männer riefen an, um mitzuteilen, dass die Unlust der Frauen die Männer frustriere. Die Geschlechter hätten eben unterschiedliche sexuelle Bedürfnisse, und wenn die Frauen das nicht begriffen, dann gäbe es immer noch die Alternative der Onanie.

»Immer wenn meine Frau nicht will, befriedige ich mich selber, meine Frau weiss allerdings nichts davon. Auch mit Hilfe von Pornoheftchen, die solche Spannungen lösen und die wie die Selbstbefriedigung von der Kirche als Todsünde bezeichnet werden. Männer werden wild, wenn sie zuviel Samenflüssigkeit produzieren, das wirkt direkt aufs Gehirn. So ist das.« (Mann, ohne weitere Angaben)

»Ich habe festgestellt, dass die meisten Frauen vor allem mit dem Alter weniger Lust haben als die Männer. Vielleicht liegt das an der Erziehung. Man sollte vielleicht die Frauen in Kurse schicken, damit sie begreifen, was für Bedürfnisse Männer haben. Über sexuelle Gewalt hört man zwar viel hinter vorgehaltener Hand, aber solange ich kein blaues Auge sehe, glaube ich nichts. Wenn meine Frau keine Lust hat, und das ist oft der Fall, dann befriedige ich mich selber. Kein Problem.« (Mann, ohne weitere Angaben)

Die Zahl der Schimpftiraden und Belehrungen war bei weitem kleiner, als uns vorausgesagt wurde.

47 Männer, davon 18 aus der Westschweiz oder aus dem Ausland, wollten mit uns über die Untersuchung und über die sexuelle Gewalt im allgemeinen diskutieren. Die Mehrzahl dieser Gespräche mündete in Auseinandersetzungen über die Schuldfrage und darüber, wie weit sexuelle Gewalt in unserer Kultur akzeptiert ist.

»Der Grund für die sexuelle Gewalt liegt in der Jugend. Die Kinder dürfen nicht mit der Sexualität spielen. Die sexuellen Probleme in der Kindheit müssen aber gelöst werden. Dies ist eine Aufgabe der Regierung. (. . .) Es ist kein Wunder, dass 60 Prozent der Frauen frigide sind.« (Mann, ohne weitere Angaben)

»Ich fühle mich hilflos gegenüber der Angst der Frauen. Zum Beispiel wechsle ich nachts, wenn eine Frau daherkommt, immer die Strassenseite, damit sie nicht meint, ich wolle etwas von ihr. Die Rezepte der Polizei für die Frauen ärgern mich. Der Staat müsste ein Nachttaxi einführen zu billigem Tarif. Männer, die zu Sexualtätern werden, haben sich zu wenig mit den eigenen Defiziten, mit der Machtfrage auseinandergesetzt. Sie lassen Dampf ab an einer schwächeren Person. Männer sind nicht gewohnt, über die Sexualität zu sprechen, weil sie befürchten, auseinanderzubrechen.« (Mann, ohne weitere Angaben)

»Vor allem in Beziehungen muss man die Dynamik beachten. Nicht automatisch ist der Mann der Böse. In Beziehungen spielt sich alles in Kreisen ab, in Kettenreaktionen. Und wer hat dann angefangen? Beispielsweise begann meine Frau eine aussereheliche Beziehung, weil sie sich von mir vernachlässigt fühlte. Ich arbeitete nur noch. Die Kommunikation fand allenfalls über die Kinder statt. Als sie einmal von ihrem Freund nach Hause kam, war das für mich eine Provokation, eine Demütigung, und ich gab ihr drei Ohrfeigen.« (Mann, ohne weitere Angaben)

Den Männern dieser Gruppe war es wichtig zu betonen, dass sie nie gegen Frauen sexuell gewalttätig waren. Sie fühlten sich durch den Aufruf angesprochen und wollten ihren Standpunkt darlegen, zum Teil weil sie als Mann in Frage gestellt oder verunsichert wurden.

Von den ursprünglich 212 Anrufen blieben 36 Gespräche übrig, in denen Männer direkt über von ihnen ausgeübte sexuelle Gewalt sprachen. Einer dieser Berichte erschien uns fragwürdig und wurde deshalb ausgeschlossen. 35 Männer gaben glaubwürdig zu Protokoll, wie, wann und mit welchen Folgen sie sexuell gewalttätig gegen Frauen sind oder waren. Diese Zahl ist deshalb als hoch einzuschätzen, weil angenommen werden kann, dass weitere Anrufer sich durch das Besetztzeichen entmutigen liessen. Es brauchte schon eine grosse Überwindung, die Nummer ein erstes Mal zu wählen. Zum Vergleich: In Los Angeles wurden in einer ähnlichen Untersuchung rund 50 Täter erreicht[15].

32 der 35 Männer sind Schweizer. Rund die Hälfte lebt auf dem Land, die andern in der Stadt. Einer von ihnen ist pensioniert, ein zweiter arbeitslos, alle andern sind berufstätig. 17 arbeiten als untere Angestellte oder Facharbeiter, neun in mittleren und höheren Positionen und vier verdienen ihren Unterhalt als selbständig Erwerbende (drei Männer wollten ihren Beruf nicht nennen). Acht der 35 Männer besuchten das Gymnasium.

21 der 35 Anrufer sind verheiratet, neun sind ledig, drei geschieden und zwei getrennt. Ein Drittel lebt kinderlos. Es riefen Männer an im Alter von 22 bis 72 Jahren, am häufigsten vertreten ist die Gruppe der 30- bis 40jährigen (ein Drittel).

Zum Zeitpunkt der Tat war etwas mehr als die Hälfte der Männer zwischen 30 und 40 Jahre alt. Nur wenige waren damals älter als 40 Jahre. Zwei Männer wollten keine Altersangabe machen (siehe Abbildung 4).

Abbildung 4:
Altersverteilung der Männer zum Zeitpunkt der Tat

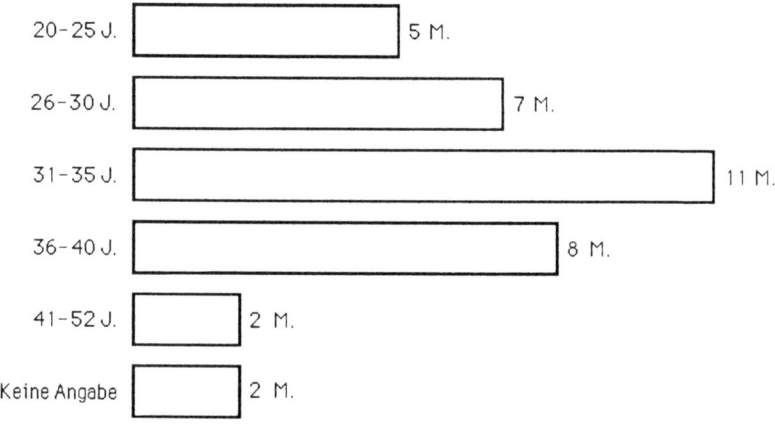

20-25 J.   5 M.
26-30 J.   7 M.
31-35 J.   11 M.
36-40 J.   8 M.
41-52 J.   2 M.
Keine Angabe   2 M.

Sexuelle Gewalt als beiläufiges Geschäft

Im Vorfeld der Studie wurde uns vorausgesagt, dass – wenn überhaupt – Männer anrufen würden, die sich an detaillierten sexuellen Schilderungen aufgeilen. Diese Prognose bewahrheitete sich keineswegs und sagt nichts über die Realität und viel über das Männerbild und die Phantasie der Prognostiker aus. Wenn ein Mann einem männlichen Forscher am Draht Auskunft geben soll über ausgeübte sexuelle Gewalt, ist das in aller Regel kein Ort für Telefonsex.

Wenige der nicht-angezeigten Täter kamen direkt auf die verübte Gewalttat zu sprechen. Meistens drehte sich das Gespräch lange um Gewalt als gesellschaftliche Erscheinung und um den Schuldanteil der Frauen. Erst nach solchen allgemeineren Stellungnahmen und häufig auch erst, nachdem wir nachhakten, berichteten die Männer über ihre Taten.

Über das eigentliche Tatgeschehen wurde nicht lange gesprochen, ja manchmal war es bloss im Verlaufe eines langen Gesprächs eine Randbemerkung wert. Die Männer wollten weniger über den Akt der Gewalt reden, sondern die Gründe erklären, die zu diesem Ereignis geführt hatten, und über allfällige Folgen.

»Ich weiss gar nicht mehr genau, wie es passierte. Wir hatten es immer schön zusammen und haben absichtlich nie geheiratet. Wir wollten nicht in die Ehefalle tappen. Aber ich war eben sehr betrunken und scharf auf sie, und sie sagte, sie sei zu müde. Da geschah es irgendwie. Dass sie mich deswegen verliess, hat mich bitter enttäuscht, nach all den gemeinsamen Jahren.« (47 J., ledig)

Die überwiegende Mehrzahl der von den Männern berichteten sexuellen Gewaltakte sind Vergewaltigungen (25 von 35 Fällen). Je in fünf Fällen handelt es sich um Vergewaltigungsversuche oder um sexuelle Übergriffe.

»Ich war damals beruflich viel unterwegs. Da habe ich eine junge Autostopperin mitgenommen. Dann habe ich im Wald angehalten und habe sie so weit gebracht. Ich hatte halbwegs Geschlechtsverkehr mit ihr, aber es war nicht so super. Sie hatte furchtbare Angst wegen einer Schwangerschaft, sonst wäre es ihr noch gleich gewesen.« (72 J., verheiratet)

Jeder dritte der berichteten Gewaltakte ist zum Zeitpunkt des Interviews ein aktueller Fall (sechs davon sind eheliche Vergewaltigungen). Zwei Drittel ereigneten sich während der letzten fünf Jahre (siehe Abbildung 5).

Abbildung 5:
Wie lange liegt bei den Männern die Tat zurück?

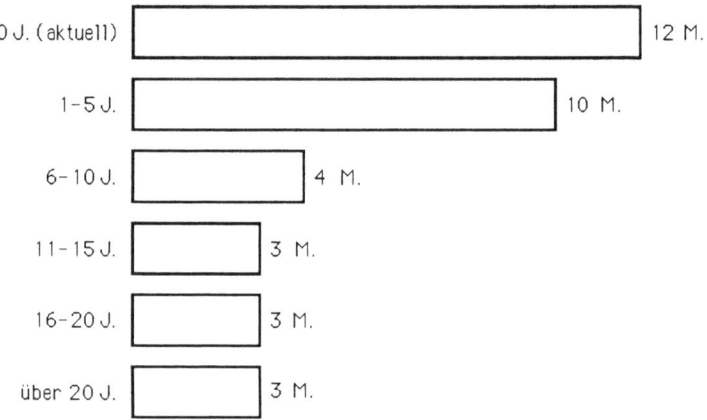

Bei 30 der 35 Fälle war der Tatort privat. Wenn der Täter die Frau im öffentlichen Bereich angreift, muss er eher damit rechnen, erwischt zu werden. Zudem ist ihm das Opfer sicherer, wenn er mit ihr in einer Beziehung lebt. Sie steht zu ihm in sozialer und ökonomischer Abhängigkeit und glaubt, im Zusammenleben mit ihm gegen sexuelle Gewalt gefeit zu sein.

Die sexuellen Gewaltakte wurden in 28 Fällen zu nächtlicher Stunde verübt. Zudem gingen die Männer zumeist ohne Mittäter vor (31 von 35).

10 Anrufer gaben zu Protokoll, sie hätten die Tat nicht im voraus geplant, sondern es sei plötzlich über sie gekommen.

»Es passierte vor drei Wochen, im Schlafzimmer mit meiner Ehefrau. Wir haben zusammen gegessen, TV geschaut, haben uns umarmt und wollten früh ins Bett. Ich wollte mit ihr schlafen, und sie hat gesagt, sie wolle heute nicht, und dann war es wie ein Reflex. Sie hat geweint und sich nachher eingeschlossen. Ich musste im Wohnzimmer übernachten. Es war nicht geplant, ich hatte einfach ein Blackout. Sie hat aus der Nase geblutet. Das Ganze dauerte vielleicht eine Minute.« (25 J., verheiratet)

»Es geschah in einer fremden Stadt bei einer Dirne. Sie reizte und lockte mich, entblösste sich, berührte mich sexuell. Wir wurden wegen des Preises nicht einig, aber sie wollte unbedingt. Dann habe ich sie irgendwie berührt und habe sie aufs Bett gedrückt. Und da fing sie an zu schreien wie wild. Ich packte und schüttelte sie. Ich hätte sie leicht vergewaltigen können, aber ich rannte weg aus Angst vor einem Hund oder einem Mann, die kommen könnten.« (40 J., verheiratet)

Solche Affekttäter sehen sich kaum als gewalttätige Männer. Sie zeigen sich erschrocken über ihr Verhalten und können es kaum fassen, zum Sexualtäter geworden zu sein.

In 20 der 35 Fälle bestehen zwischen dem Mann und der Frau ein vertrautes Beziehungsverhältnis (davon ist das Opfer 13 mal die Ehefrau). Weitere 12 Männer gaben an, die Frau gekannt zu haben, und nur in drei Fällen waren sich Täter und Opfer unbekannt.

»Weil wir am gleichen Ort arbeiteten, kannte ich sie flüchtig. An der Jahresfeier der Firma tanzten wir dann gemeinsam, und ich fuhr sie später zu ihr nach Hause. Ich rechnete damit, dass ich mit ihr schlafen könne, sonst hätte sie ja nicht mit mir getanzt und hätte mich nicht noch hereingelassen. Aber dann zierte sie sich, und ich musste ein bisschen nachhelfen.« (32 J., verheiratet)

Keiner der Männer gebrauchte eine Waffe. Mehr als die Hälfte wandte physische Gewalt an. Ausdrücklich körperlich gewaltlos wollen vier Männer vorgegangen sein. Im allgemeinen stellen die Männer den Gewalteinsatz nicht in den Vordergrund. Sie betonen vielmehr, dass sich die Frau kaum gewehrt habe und dass es andere Formen der Überzeugung gäbe als physische Gewalt.

»Ich habe ihr nur gesagt, wenn ihre Eltern wüssten, dass sie mit mir geschmust habe, dann würde sie etwas zu hören bekommen. Ich brauchte gar keine Gewalt anzuwenden, sie liess mich einfach machen.« (29 J., verheiratet)

»Ich gebe zu, ich habe sie gezwungen, aber nicht so wie in Filmen, brutal mit Schlägen und Waffen. Ich habe ihr einfach mit ihrem Mann gedroht. Es war ja auch nicht neu für sie, sie ist ja verheiratet.« (24 J., ledig)

Aus der Sicht der Männer zeigten rund zwei Drittel der Frauen ihren Unwillen oder ihre Abscheu. Meistens drückte sich diese Aversion in verbalem oder körperlichem Widerstand gegen die männliche Gewalt aus.

»Meine Frau hat manchmal wie verrückt gekämpft, gebissen und gekratzt. Aber sie hatte nie eine Chance.« (38 J., getrennt)

Ein Drittel der Frauen soll nach Ansicht der Männer während der sexuellen Attacke passiv geblieben sein.

»Ich bin sicher, dass sie keine Anzeige macht, denn sie hat sich überhaupt nicht gewehrt. Sie weiss, dass sie auch daran schuld hat.« (26 J., ledig)

28 der 35 Männer sehen den Gewaltakt nicht als Verbrechen. Sie bezeichnen den Vorfall eher als Unglück, als nicht so tragisch. Ein Drittel davon ist überzeugt, die Frau trage die Schuld, oder es sei ihr persönliches Recht gewesen, die Frau mit Gewalt zu nehmen. Bei dieser Gruppe handelt es sich fast durchwegs um solche Männer, denen das Opfer vertraut war. Wenn die Frau aus der Sicht der Männer ihnen entgegengekommen ist, könne es keine Vergewaltigung mehr sein, auch wenn sie plötzlich nicht mehr wollte. Eine Mehrzahl der Männer sieht sich nicht als Planer und Regisseur der Gewalttat, sondern glaubt, eher zufällig und unabsichtlich in die Situation geraten zu sein.

»Es war mehr ein Zufall und auch nicht so schlimm. Ich war damals, zwischen 30 und 40 Jahre alt, in einer Sturm-und-Drang-Phase.« (72 J., verheiratet)
»Für die Frau war es eine Vergewaltigung, für mich nicht. Wenn Frauen meinen, sie können dies so ausnützen, in der Ehe hat man halt gewisse Pflichten. Ich fühle mich nicht schuldig, denn was sie mir angetan hat, ist viel schlimmer. Mit Worten kann man viel mehr zerstören als mit Schlägen.« (42 J., verheiratet)

Sieben Männer erkennen die Tat als Delikt an. Während des Aktes waren sie sich allerdings ihrer kriminellen Handlung kaum bewusst.

Sie wollten ans Ziel ihrer Wünsche kommen und dachten sich nichts dabei. Später begriffen sie, was sie getan hatten.

»Während der Tat (mit drei Kollegen zusammen eine Bekannte vergewaltigt) habe ich nicht daran gedacht, dass es ein Verbrechen ist, denn es machten ja alle mit, und sie hat hingehalten. Erst als ich wieder nüchtern war, wurde es mir klar.« (45 J., verheiratet)

»Wir schmusten den ganzen Nachmittag. Dennoch kann ich nicht von einer Provokation von ihr sprechen, denn sie sagte Nein zum Geschlechtsverkehr. Also ist meine Handlung (die Vergewaltigung) nicht gerechtfertigt.« (38 J., ledig)

Warum führte die Tat nach Meinung der Männer nicht zu einer Anzeige? Was hat den Ausschlag gegeben, dass sie strafrechtlich ungeschoren davonkamen? Die meisten Männer sind sich sicher, dass die Schuldgefühle der Frau diese davon abgehalten hat, zur Polizei zu gehen. Sie hat die Tat akzeptiert, weil sie wusste, dass der Mann ein Recht darauf hatte. Weil sich beinahe alle Männer selber nicht schuldig fühlen, ist es für sie einleuchtend und zwingend, dass die Frau keine Anzeige macht. Die Nicht-Anzeige beseitigt auch allfällige Reste von Selbstzweifeln. Die Argumentation lautet: Wäre es ein Verbrechen gewesen, hätte sie es angezeigt. Wenn der Mann zur Frau in einer engen Beziehung stand, konnte er zusätzlich Druck auf sie ausüben, damit sie von einer Anzeige absah.

»Sie machte keine Anzeige, zeigte mir aber einmal ein ärztliches Attest. Da habe ich gesagt, das kannst du gleich wegwerfen, der ist ein guter Freund von uns und darum befangen.« (42 J., verheiratet)

»Meine Frau sagte niemandem etwas von der ehelichen Vergewaltigung. Sie tat es nicht, weil es für sie etwas bedeutet hat. Für mich heisst das, ich soll es nicht mehr tun. Sie hat einen guten Charakter, da sie es nicht überall herumerzählt. Die meisten Frauen sind ja ein wenig Waschweiber.« (25 J., verheiratet)

Wir stellten den Anrufern die Frage, wer ihrer Meinung nach allgemein an sexueller Gewalt schuldig ist. Die Frage wird von 25 der 35 Männer einstimmig beantwortet: Schuld trägt die Frau. Durch ihr Verhalten provoziert sie Männer, vor allem auch durch ihr Äusseres. Wer lockt, soll Verantwortung tragen, sonst ruft das Gewalt hervor.

Frauen machen Männer abhängig, weil sie wissen, diese brauchen Sex. Diese Macht gebraucht die Frau zur Realisierung von Zielen. Männer werden von ihr manipuliert, sie spielt mit ihnen. Männer werden auch von ihr gedemütigt, die Ohnmacht der Männer wird ausgenützt. Wenn sich die Männer mit Gewalt wehren, weil sie nicht über die gleichen Mittel verfügen, ist es quasi Notwehr.

»Frauen wollen aufreizen. Gleich wie der Köder beim Fischen. Aufreizende Weiblein, Miniröcke, Ausschnitte. (. . .) Und ich meine, seien wir doch ehrlich, wenn Sie in ein Gartenbad gehen und Sie sehen so eine junge, gutgewachsene Frau oder ein Mädchen, das womöglich noch einen Tanga trägt, da muss einem ja irgend etwas passieren, wenn man ein halbwegs normaler Mann ist. Es gibt gewisse Kategorien von Frauen, die gepackt werden wollen. Männliche Zurückhaltung wird als Schwäche ausgelegt.« (42 J., getrennt)
»Es hat mich genervt, dass immer der Mann schuld sein soll. Ich kenne die Frauen, wie giftig die sein können. Männer vergewaltigen Frauen, weil Männer stärker sind. Wären Frauen stärker, wäre es umgekehrt. Ein Mann vergewaltigt, weil er ein Geplagter ist und nicht einfach so. In meinem Fall, muss ich sagen, ist die Frau schuld, wenn sie vergewaltigt wird.« (30 J., verheiratet)

Einige wenige Männer sehen den Mann oder die Gesellschaft als Schuldige. Sie sind der Ansicht, dass der Mann von Kindheit an auf Erfolg getrimmt wird. Er müsse sich überall durchsetzen, auch bei Frauen und auch in der Sexualität, sonst werde er nicht ernst genommen. Früh werde ihm beigebracht, dass er sich nichts bieten lassen soll und dass notfalls Konflikte mit Gewalt zu lösen sind. Diese Minderheit von Männern sieht den Staat als Verstärker von Gewalt. Der Stress am Arbeitsplatz, die Kälte zwischen den Menschen, die fehlende Aufklärung in den Schulen bis hin zu den sexorientierten Medien werden verantwortlich gemacht.

Lust in Not

Knapp zwei Drittel der nicht-angezeigten Täter sehen das Motiv ihrer Handlungen in einem sexuellen Notstand. Lust und Leidenschaft hätten sie angetrieben. Trotz Widerstandes oder Inaktivität der Frau wollten sie zu einem sie befriedigenden Schluss kommen. Sie seien durch die Frau oder die Situation so angeregt gewesen, dass sie keinen andern Weg als den der Gewalt gesehen haben.

»Wenn mir eine Frau gefällt, dann probier ich es. Wenn eine Frau zu mir nach Hause kommt, nur so zu zweit, dann weiss sie, worum es geht. (. . .) Eine Frau wird eher vergewaltigt, wenn sie eine durchsichtige Bluse oder einen Minijupe bis zum Arsch trägt. Wenn eine Frau in der Badeanstalt oben ohne badet, dann sehe ich ja alles. Wenn sie aber einen Bikini trägt, nimmt mich wunder, was darunter ist.« (24 J., ledig)

Vor allem Männer in Dauerbeziehungen versuchten darzustellen, in welch konfliktreichen Situationen sie leben oder gelebt haben. Ihre Partnerinnen wollten nicht so oft oder wollten nicht die Art von Sexualität, die sie sich gewünscht haben. Die Männer konnten die Gründe der Frau für ihre Abwehr nicht nachvollziehen. Die sexuelle Verweigerung löste bei ihnen Wut aus. Sie konnten Erklärungen wie Müdigkeit oder Unlust nicht akzeptieren und deuteten den Widerwillen der Frau als Druckmittel gegen ihre Partner. Auch wenn die Frauen einfach hinhielten, damit es vorüberging, fühlten sich die Männer betrogen um eine Lust, die ihnen aus ihrer Sicht zusteht. Sie rackerten sich den ganzen Tag im Beruf ab, brachten den Lohn nach Hause und wollten Gegenleistungen dafür. Wenn dieser Ausgleich nicht stattfand, wandten sie Gewalt an und probten den Aufstand gegen die Selbstbestimmung der Frau und für eine Lösung ihrer sexuellen Nöte.

»Meine Frau übt Druck aus, indem sie sich sexuell verweigert, was Aggressionen in mir auslöst. Ich schlage dann mit der Faust gegen die Wand, ver-

schwinde und komme erst nach einer Stunde wieder. Wenn ich sie frage, warum sie nicht will, antwortet sie immer, sie sei müde. Sie hält einfach nur hin, was mit der Zeit frustrierend ist. Ich bin durch meine Arbeit schon recht beansprucht, ich könnte Tag und Nacht arbeiten, aber ich glaube, ihre Unlust hat damit nichts zu tun. Seit wir ein Kind haben, ist es so, wie es jetzt ist.« (30 J., verheiratet)

»Ich habe ein Telefon mitgehört, bei dem meine Ehefrau einer Freundin erzählt hat, sie habe jetzt lange genug Matratze gespielt, sie habe ihr Geld schon lange abverdient. Am Abend stellte ich sie zur Rede. Ich schlug ihr die Scheidung vor, das wollte sie auch nicht. Dann habe ich mir halt genommen, was ich brauchte, ich hatte ein halbes Jahr lang gar nichts. Sie hat nur gemeint: Na ja, wenn das alles ist, dann mach weiter so. Das läuft jetzt so dreimal die Woche. Meine Frau nennt mich ein Sexmonster.« (36 J., verheiratet)

Sieben Männer handelten nach eigenen Angaben aus Rache oder Frustration. Die Wut, die sich in ihnen anstaute, musste nicht unbedingt durch die Frau ausgelöst worden sein, aber die Frau war in jedem Fall die geeignetste Person, um sich abzureagieren. Diese Männer wollten mit ihrer Tat der Frau etwas heimzahlen, eine Demütigung, die sie von ihr oder jemand anderem erfahren haben.

»Ich wollte mich rächen, denn meine Frau benutzte den Sex als Druckmittel.« (42 J., verheiratet)

»Unsere Tochter ist noch sehr klein. Seit der Schwangerschaft habe ich mit meiner Frau keinen Geschlechtsverkehr mehr gehabt. In dieser Zeit habe ich meine Frau dreimal vergewaltigt, ohne dass es ganz zum Sexualakt gekommen ist. Ich habe sie geschlagen und geprügelt. Es gab eine furchtbare Keilerei mit Kratzen und Beissen und gegenseitigen Beschimpfungen. In dem Moment bin ich aber nicht sexuell erregt und kann nicht mit ihr schlafen.

Meine Frau hat keine Gefühle mehr für mich, kann nicht mehr mit mir schlafen. Sie kann es aber mit anderen Männern. Immer, wenn sie fortgewesen ist bei anderen Männern, ist es von mir her zu solchen Ausschreitungen gekommen. Wenn ich keinen Ausweg mehr sehe, ist die Vergewaltigung eine Art Verzweiflungsakt von mir. Dieses Gefühl, allein zu Hause zu sein und nicht zu wissen, wann meine Frau zurückkommt, macht mich fertig und aggressiv.« (37 J., verheiratet)

Drei Männer waren der Meinung, sie hätten sexuelle Gewalt ausgeübt, weil die Situation ihnen als Mann keine andere Möglichkeit offen liess. Die männliche Rolle habe sie zu ihrer Handlung gezwungen. Um sich Anerkennung zu verschaffen, wählten sie den Weg der Gewalt.

Kein Mann sagte von sich aus, er hätte seine Macht über die Frau erleben und demonstrieren wollen. Einige Aussagen legen aber die Interpretation nahe, Männer hätten die Frauen sexuell ausgebeutet, um über sie Kontrolle zu erlangen. Die Frauen hatten sich in den Augen des Mannes widerspenstig verhalten, und ihnen musste gezeigt werden, wo es langgeht.

»Ich vergewaltigte meine Freundin, als es in der Beziehung kriselte und sie mir den Beischlaf verweigerte. Damals (vor 17 Jahren) hätte ich das nicht als Vergewaltigung bezeichnet. Sie wurde schwanger und musste abtreiben. Ich hatte durch meine katholische Erziehung eine falsche Vorstellung von Beziehung. Der Mann lernt aggressive und zerstörerische Verhaltensmuster für Konfliktsituationen.« (38 J., ledig)

»Ich habe Beratungsstellen konsultiert, aus Angst ich könnte ausrasten. Aber die konnten mir nicht helfen. (. . .) Wenn es über mich kommt, spreche ich jetzt zu ihr. Gestern sagte ich: Jetzt brauchst du wieder ein paar Schläge, damit du weisst, wo Gott hockt.« (42 J., verheiratet)

Die verschiedenen Motive der Männer setzten sich nicht sofort in Handlungen um. Antrieb und Verhalten sind durch ein Zwischenglied gekoppelt: den Entscheidungsprozess. Hier wird entschieden, ob die Handlung, die das Motiv befriedigen könnte, durchgeführt werden soll. Nur die allerwenigsten Täter schlagen unüberlegt zu. Dieser Abwägungsprozess kann einige Sekunden oder auch einige Jahre dauern. Für den Mann stellt sich die Frage nach den Kosten und nach dem Nutzen. Er möchte ein Ziel erreichen, das ihm eine bestimmte Belohnung verspricht, aber gleichzeitig möchte er den Schaden, den ihm die Handlung verursachen kann, möglichst klein halten. Er beginnt das Dafür und das Dagegen aufzurechnen. Einstellungen zu den Frauen, zur Sexualität, zur sexuellen Gewalt, zur männlichen Rolle beeinflussen seine Entscheidung. Wichtig ist auch, wie gross er die Chancen, erwischt und bestraft zu werden, einschätzt. Wie könnte das Opfer reagieren und wie die Umwelt, wenn diese davon erfährt? Schliesslich wird er, nachdem er rational zu einem Schluss gekommen ist, auch von seinen Gefühlen geleitet sein. Wenn er trotz einer positiven Bilanz immer noch grosse Angst verspürt, wird er wahrscheinlich auf den Gewaltakt verzichten. Erst wenn die Gefühle auch noch grünes Licht geben, wird die Wahrscheinlichkeit eines sexuellen Überfalls gross sein. Der Mann macht sich daran, seinen Vorsatz in die Tat umzusetzen.

»Ich habe mir lange überlegt, ob Gewalt der richtige Weg ist, um meine Frau wieder zum Sex zu bringen. Eines Tages entschloss ich mich dann, ich glaubte, es sei der richtige Anlass. Sie hätte es ja tun können, um mir eine Freude zu machen. Ich hatte Geburtstag.« (39 J., verheiratet)
»Ein Kollege von mir erzählte, er habe das auch schon gemacht, einfach ein bisschen nachgeholfen. Sonst läuft ja nichts mit den Frauen. Dass er das sagte, hat mir Mut gemacht.« (24 J., ledig)

Haben die nicht-angezeigten Männer ihr Ziel erreicht, das sie sich mit ihrer Handlung gesetzt hatten? Wurden sie durch die sexuelle Gewaltausübung befriedigt? 25 Männer gaben zu Protokoll, sie hätten ihr Ziel erreicht. Nur gerade zehn Männern blieb die Belohnung versagt. Diese hohe Erfolgsquote verleiht sexueller Gewalt gegen Frauen aus der Sicht der Männer eine hohe Attraktivität.

Trotz der häufigen Aussage, sie fühlten sich unschuldig, gelang es nur einigen wenigen nicht-angezeigten Tätern, das Gewalterlebnis ohne weiteres wegzustecken. Diese Minderheit sieht keinen Grund, etwas zu bereuen oder sich künftig anders zu verhalten. Ihre Männerrolle bleibt risslos.

»Ich war im Recht, habe keine Schuldgefühle. Meine Frau war meine Untertanin. (. . .) Ich will jetzt mit einer neuen Frau, die mich versteht, ein neues Leben anfangen.« (50 J., geschieden)
»Wenn man gute Freunde und einen guten Charakter hat, kommt man über solche Nöte (Mann vergewaltigt sporadisch seine Ehefrau) hinweg. Die muntern mich immer wieder auf, wenn es mir zu Hause dreckig geht.« (41 J., verheiratet)

Das gewalttätige Verhalten kann das Selbstwertgefühl des Mannes verstärken, unberührt lassen oder bedrohen. Die Gefahr der Bedrohung wendet ein Drittel der Männer ab, indem es ihnen gelingt, sich trotz der Gewalt in positivem Licht zu sehen. Sie nehmen zwar einen Teil der Verantwortung auf sich, gleichzeitig stellen sie sich aber als moralisch integre Personen dar. Mittels dieser Rationalisierungsstrategie beurteilt sich der Mann weiterhin als guten Menschen und sucht die Ursachen für die Gewalt ausserhalb von sich.

»Ich habe mich über mich selbst geschämt. Aber einerseits hatte sie es nicht so ungern, und andrerseits hätte ich den schlechten Siech spielen und nicht aufpassen können wegen einer Schwangerschaft. Aber das habe ich nicht gemacht.« (72 J., verheiratet)
»Es sollte in unserer Sexualität viel harmonischer sein, so dass auch sie einmal etwas von mir verlangt. Wir haben es sonst sehr gut zusammen und lachen viel. Das ist eigentlich der einzige Punkt in unserer Ehe, der nicht gut ist. Wir sind uns einig in der Erziehung. Es ist alles bestens.
Ich weiss nicht, warum sie sich verweigert. Vielleicht verkraftet sie das Hausfrauen-Dasein nicht oder ist eifersüchtig auf meinen beruflichen Erfolg. Ich habe das Gefühl, dass die psychische Gewalt eher von den Frauen kommt, und wenn es dann von mir zu Gewalt kommt, ist es eine Überreaktion.« (30 J., verheiratet)

Bei der Mehrzahl der Männer bleibt durch die Gewaltanwendung und den Widerwillen der Frau zumindest ein schales Gefühl zurück. Der Mann glaubt sich zwar im Recht, wäre aber froh, auf gewaltlosem Weg zum Ziel zu kommen.

»Irgendwie hatte ich schon das Gefühl, dass es nicht so lustig war, dass es schöner gewesen wäre mit Schmusen und so.« (42 J., getrennt)

Dennoch zweifeln auch diese Männer wenig an ihrem Verhalten. Sie haben gelernt, sich mit dem Vorgefallenen zu arrangieren, und sehen sich als Opfer des Schicksals, der Lebensumstände oder der Frauen.
Bei sieben Männern hat die Tat stärkere Auswirkungen. Sie fühlen sich verunsichert und schämen sich. Sie möchten am liebsten alles wiedergutmachen, nochmals von vorne beginnen können und bereuen ihr Verhalten. Es ist ihnen ein Anliegen, wieder mit der Frau sprechen zu können. Sie suchen Verständnis.

»Ich bin sonst nicht gewalttätig. Andere Männer haben mir dazu geraten, und das Fernsehen hat einen Einfluss. Ich bin kein Sauhund. Es war auch nicht so schlimm, von mir aus gesehen. Für meine Frau war es wahrscheinlich schon schlimm.
Es tut mir sehr leid, ich werde es nie mehr machen. (. . .) Früher haben wir

uns schön geliebt. Aber jetzt läuft nichts mehr. Ich bin kein Saucheib. Ich bin ein Arschloch.

Früher, als ich von ehelichen Vergewaltigungen gelesen habe, habe ich gedacht, was ist denn das für einer. Jetzt sehe ich unsere Ehe in einem düsteren Licht.« (25 J., verheiratet)

»Ich fühlte mich hilflos, schäme mich und kann mich in die Erniedrigung einfühlen.« (38 J., ledig)

Diese Männer sind erschrocken über sich selbst und erkennen ihre Unfähigkeit, mit Konflikten umzugehen. Sie neigen zu Depressionen und sehen die Zukunft pessimistisch. Sie bedauern die Tat, doch fühlen sie sich unfähig, dieses Gefühl in Handlung umzusetzen. Begegnungen mit der betroffenen Frau versuchen sie möglichst zu vermeiden, da sie sich vor möglichen sozialen und gerichtlichen Folgen fürchten. Grosse Mühe haben sie auch damit, zu der Gruppe der Sexualtäter gehören zu müssen.

»Ich bin erstaunt und geschockt, wie schnell ich in einer solchen Situation war. Jetzt bin ich in meinem Handeln noch blockierter, bin mit Schuld beladen. Wenn ich jetzt verurteilt worden wäre, das wäre ganz schlimm, dann ist man ein für alle Male gestempelt.« (40 J., verheiratet)

»Danach habe ich mich elend gefühlt. Ich hatte panische Angst davor, das Mädchen wieder zu sehen, oder dass es Folgen haben könnte, dass sie schwanger würde. (. . .) Früher dachte ich, Sittlichkeitsverbrecher sollte man kastrieren, jetzt bin ich selbst einer.« (45 J., verheiratet)

Vier der 35 Anrufer leiten klare Konsequenzen für zukünftiges Verhalten ab. Sie ziehen Lehren aus ihren Erfahrungen und wollen bei einer nächsten Begegnung mit einer Frau deren Willen vollumfänglich respektieren. Sie sind überzeugt, dass sie nie mehr gewalttätig handeln werden. Das einschneidende Erlebnis war ihnen eine Lektion.

»Heute sehe ich es so: Wenn ein Nein kommt, ist es ein Nein, und basta. Wer diese Grenze überschreitet, wendet physisch und psychisch Gewalt an. Wenn mir eine Frau einen Kuss gibt, heisst das nicht, dass sie mit mir ins Bett will.« (38 J., ledig)

Als wir die 35 Männer fragten, ob die konkrete Gewalt hätte verhindert werden können, sahen sie Möglichkeiten vor allem beim Verhalten der Frauen. Wenn sie sexuelle Bereitschaft gezeigt hätten, wenn sie auf die Wünsche des Mannes eingegangen wären, hätten die Männer auf die Gewaltanwendung verzichtet. Ausserdem hätten die Frauen durch ihr Verhalten frühzeitig signalisieren sollen, dass keine Aussicht auf Sex bestand. Sobald sie aber den ersten Schritt getan hatten, war der Geschlechtsverkehr, ob freiwillig oder erzwungen, unvermeidlich.

»Sie hätte nicht mit mir nach Hause gehen sollen.« (36 J., ledig)
»Meine Ehefrau hätte das Schlafzimmer abschliessen können, aber das hat sie nie gemacht, das ist ja die Ironie der Geschichte.« (24 J., getrennt)
»Ich habe meiner Frau immer gesagt, ich würde sofort mit der Gewalt aufhören, wenn sie wieder beim Geschlechtsverkehr mitmacht. Irgendwann hat sie das begriffen. Manchmal braucht es eben ein wenig Druck.« (39 J., verheiratet)

Wiederum zeigte sich das verbreitete Unschuldsgefühl des Täters. Für sich selbst sah er kaum Alternativen, er fühlte sich gefangen in ein biologisches und soziales Spinnennetz, aus dem er sich nur mittels Gewalt glaubte befreien zu können. Der grössere Teil der Männer sieht wenig Grund, sich selber zu ändern. Allerdings sollen künftig Situationen vermieden werden, die zu erneuten Gewaltaktionen führen könnten.

»In Zukunft werde ich Frauen meiden und ins Puff gehen.« (36 J., ledig)
»Bei einem nächsten solchen Fall würde ich die Ehefrau früher vor die Türe setzen.« (42 J., getrennt)

Falls sich eine Gewaltsituation trotz allen Vorkehrungen des Mannes oder der Frau ergeben sollte, empfehlen die Anrufer den Frauen, sie sollten ohne Hektik versuchen, mit dem Mann ins Gespräch zu kommen. Falsch wäre ihrer Meinung nach, mit Angst, Schreien oder Gegengewalt zu reagieren (nur drei Männer raten zu physischem Widerstand). Eine bedachte, wohlwollende Reaktion könne die Frau wirkungsvoll vor Gewalt schützen.

»Frauen sollen ruhig und vernünftig reden. Nicht hysterisch tun, das reizt den Mann.« (40 J., verheiratet)
»Die Frauen sollten den Mann ablenken und ihn liebkosen.« (72 J., verheiratet)

Was kann der Staat als lenkende Instanz tun? Bei dieser Frage spalten sich die Männer in zwei Lager. Die einen sind der Auffassung, die Rechtsorgane sollen sich nicht einmischen, da sich sexuelle Gewalt in Bereichen der Privatsphäre ereigne, und diese dürfe die Obrigkeit nicht antasten. Ausserdem ergebe sich für den Staat das unlösbare Problem der Beweisbarkeit. Die anderen fordern von der Regierung Kontaktstellen für Alleinstehende, Aufklärung in den Schulen, Männergruppen. Es sollte eine öffentliche Diskussion über die Institution Familie in Gang gesetzt werden, da dieselbe Gewalt fördere, und auf jeden Fall müsste Vergewaltigung in der Ehe unter Strafe gestellt werden.

Was haben die nicht-angezeigten Täter nach dem Gewaltakt getan? Haben sie sich an Drittpersonen gewandt? 26 der 35 Männer sprachen noch nie mit jemandem über die verübten sexuellen Gewalttätigkeiten. Zum ersten Mal, im Schutze der Anonymität, stehen sie zu einem bisher verheimlichten Bereich ihres Lebens.

»Ich habe nie mit jemandem darüber gesprochen. Jetzt möchte ich meine Aussagen der Wissenschaft zur Verfügung stellen.« (50 J., geschieden)
»Obwohl es mir schon lange leid tut, traue ich mich nicht darüber zu reden. Ich rede mit meiner Frau nicht mehr über den Vorfall und nicht mehr über Sex.« (25 J., verheiratet)

Neun Männer sprachen mit Bezugspersonen oder mit Vertretern von Institutionen über die Tat. Sieben von ihnen trafen auf Verständnis, sei es durch ihre Mutter, ihre Vorgesetzten oder die Polizei. Nur zwei berichten über negative Erfahrungen, als sie versuchten, Verständnis und Rat zu bekommen.

Der eigentliche Zweck der Ehe?

Das Bild der Ehe, welches im folgenden gezeichnet wird, ist zugegebenermassen einseitig negativ. Man könnte durchaus auch auf positive Aspekte hinweisen, doch muss in diesem Bericht das in der Institution Ehe enthaltene Gewaltpotential im Vordergrund stehen, da es wesentlich an sexueller Gewalt in der Ehe beteiligt ist. Allzuleicht wird sonst das eheliche Übel den einzelnen Beteiligten, Gatte und Gattin, zugeschoben. Damit wird aber Individuen die gesamte Schuld zugeschrieben, da doch Institutionen und Strukturen mitverantwortlich sind.

Was ist der Sinn der Ehe? Geborgenheit, Fortpflanzung, Gemeinsamkeit, Austausch? Oder dient sie als Schutz für Kinder, als Garantie für das Alter, ist sie die Keimzelle des Staates? Vielleicht hat sie auch mit Liebe zu tun. Die Aufzählung ist zufällig und unvollständig. Nach Durchsicht der vorliegenden Daten muss ergänzt werden: Die Ehe ist gegründet – auch und nicht zuletzt – zum Vorteil des Mannes, zur männlichen Ausübung von Macht und Gewalt, zur Ausbeutung der Frau. Diese Schlussfolgerung drängt sich auf angesichts der Aussagen der nicht-angezeigten Täter. 13 der 35 Anrufer sind Männer, die ihren Ehefrauen sexuelle Gewalt antun oder angetan haben. Einige wenige Male oder über viele Jahre.

Eheliche Vergewaltigung stellt in der Schweiz zur Zeit dieser Untersuchung kein Strafvergehen dar. Wenn Männer ihre Ehefrauen vergewaltigen, haben sie sie nicht vergewaltigt, sondern nur an ihre sexuelle Pflicht gemahnt. Die Aussagen der 13 Männer machen klar, bis zu welchem Grad in institutionalisierten Beziehungen Gewalt eskalieren kann.

Die Mehrzahl der Ehemänner wähnt sich, vom Staat unterstützt, im Recht. Die Mehrzahl der Ehefrauen duldet, vom Staat im Stich gelassen, chronische Gewalt. Ehefrauen werden mit Misstrauen und Abwehr bedacht, wenn sie über erlittene sexuelle Gewalt in der Ehe berichten. Ehemännern wird viel Verständnis entgegengebracht für ihre natürlichen, biologischen Notwendigkeiten. Die Ehe sei definitionsgemäss ein Hort der Sexualität. Wenn schon auf Polygamie verzichtet wird, dann besteht ein Recht und eine Pflicht auf eheliche Sexualität. Eheliche Sexualität heisst aber meist männlich bestimmte Sexualität. Ruckzuck-Befriedigung nach den Spielregeln und Wünschen des Mannes. Der Ehemann hat in der Ehe ausgezeichnete Gelegenheit zur Umsetzung seiner Phantasien. Zu Beginn wird dieser Machtanspruch mit Zärtlichkeit und Liebesgemurmel übertüncht. Spätestens nach dem ersten Kind wird der Körper der Gattin häufig zur Hobelbank einer einseitigen Lustbefriedigung.

Da in der monogamen Ehe die Partner einander sexuell alles sein müssen, sind die Ansprüche an den andern entsprechend hoch. Zusätzlich stehen Dauer und Leidenschaft an sich in einem konfliktreichen Verhältnis zueinander. Zum einen steigen die Erwartungen, und zum andern erstickt die Lust. Kollisionen sind vorgegeben. Die Häufigkeit des sexuellen Verkehrs und die Qualität desselben sinken synchron.

Gefangen im ehelichen Frust, wählt der Mann, als der gelerntermassen aktive Teil, die Gewaltoption. Er verschafft sich, wenigstens für seinen Teil, das zweifelhafte Vergnügen.

»Ich hatte das Recht auf meine Frau. Ich bin der Chef zu Hause. Eine Frau muss geführt werden. Sie ist hilflos der Menschheit ausgesetzt, wenn sie keinen Mann hat, der stark ist. Gleichberechtigung ist eine Modeerscheinung. Da ist das Geschirr geflogen, um meine Aggressionen abzubauen, weil meine Frau nicht mehr mit mir schlafen wollte.« (50 J., geschieden)
»Ich war unter sexuellem Entzug, denn wir machten es nur alle Monate einmal. Wir hatten viel getrunken. Als die Gäste gingen, schlug ich ihr links und rechts ein paar an die Ohren und versuchte sie zu vergewaltigen. Aber dann lief nichts, denn einen Mehlsack vögeln ist auch nicht lustig, obwohl meine Frau gesagt hat, dann nimm halt, was du willst. Danach war ich unheimlich erregt, bin dann aber bald eingeschlafen. Das Ganze dauerte nicht mehr als dreissig Sekunden.« (42 J., verheiratet)

Schuldgefühle kommen selten auf. Die anrufenden Ehemänner meldeten sich auch weniger aus bewusster Verantwortung, sondern um zu erklären, wie es zu solcher Gewalt kommen kann. Hierbei sehen sie die Verantwortung eher bei ihrer Frau als bei sich selber. Sie fühlen sich durch die Frau provoziert. Die Frau nütze ihr sexuelles Monopol aus (solange der Mann nicht fremd geht), um den Mann zu erpressen, um ihm seine Unzulänglichkeit, seine sexuellen Schwächen zu zeigen. Hierfür rächt er sich. Ebenso versucht er, aufsteigende Selbstbestimmungsgelüste der Frau im Keime zu ersticken, und wählt intuitiv oder rational die verletzlichste Stelle, den Ort der grössten Demütigung.

»Ich bin nicht stolz, fühle mich aber auch nicht schuldig an den ehelichen Vergewaltigungen. Ich hatte immer das Gefühl, der habe ich es wieder einmal gezeigt. Gesamthaft fühle ich mich positiv, da ich meinen Mann gestellt habe.

Meine Ehefrau machte mich lächerlich. Später habe ich mich gerächt, indem ich sie vergewaltigte. Wir hatten getrennte Schlafzimmer. Ich bin dann zur Frau hineingegangen und habe den Beischlaf erzwungen. Es kam schon zu einer Erektion, als ich zu ihr ins Schlafzimmer ging. Die ist aber schnell zusammengebrochen, als sie mich zurückstiess. Dann sagte sie: Komm wieder, wenn er dir steht.

Abends kam sie meist stolz von der Arbeit nach Hause. Sie sei jetzt müde. Da habe ich gesagt: So, Alte, jetzt musst du ran an den Speck. Ich hätte mich ja auch selber befriedigen können, aber da habe ich mir gesagt, da liegt ja meine holde Angetraute, und die ist mir auch etwas schuldig. Wenn sie schon mein Bankkonto für ihre exklusiven Einkäufe plündert, kann sie sich mir auch ab und zu hingeben. Ich erfülle meine ehelichen Pflichten und will dafür auch das eheliche Vergnügen haben.« (42 J., getrennt)

III

»Da können wir gleich nach Amsterdam ins Schaufenster«

Berichte von Frauen über erfahrene Gewalt

»Als ich im Radio von der Möglichkeit hörte, anonym, per Telefon, ohne Folgen, über das Unrecht zu reden, das ich während meinem Leben erfahren musste, dachte ich, das ist die Chance, die muss ich packen, die kommt nie mehr. Jetzt fühle ich mich wahnsinnig erleichtert.« (64 J., geschieden)

Wie viele Frauen haben noch nie über die erlittene sexuelle Gewalt gesprochen, wollten oder mussten solche Erlebnisse über Jahre für sich behalten? Wie gross ist das öffentliche Interesse, diese Frauen anzuhören und sich mit ihren Verletzungen auseinanderzusetzen? Wenn Ausmass und Art der sexuellen Gewalt in Beziehungen zutage treten, geraten die harmonischen Bilder über das Zusammenleben von Mann und Frau ins Wanken. Welche Erfahrungen machen missbrauchte Frauen mit sich und andern, wenn sie schweigen oder sich aus Not an Personen und Institutionen wenden? Welche Effekte körperlicher und seelischer Art hat die Gewalt auf die Frau, und wie bewältigt sie die Gewalterlebnisse und ihre Folgen? Hat der Gewaltakt Auswirkungen auf ihre Bewegungsfreiheit?

Sogenannte Sexualopferstudien, die hier genauer als Studien mit Frauen, die sexuell ausgebeutet wurden, bezeichnet sind, wurden erstmals in den 70er Jahren in den Vereinigten Staaten durchgeführt [17]. Etwa zehn Jahre später wurden auch in Europa erste Forschungsergebnisse zu dieser Thematik vorgestellt [18]. Die Untersuchungen machen unmissverständlich klar, dass ohne die Aussagen der missbrauchten Frauen der Einblick in eine allzulange vernachlässigte Welt der Gewalt versperrt bleibt. Sie lassen die Ausmasse des hasserfüllten Zorns, der erstarrten Hilflosigkeit und der lähmenden Angst erahnen, welche die von Männern gesäte Gewalt hinterlässt.

»Wenn ich mich am Samstagmorgen nicht prostituiert hätte, wäre das ganze Wochenende Terror gewesen. Als mein Freund einmal einen Selbstmordversuch machte, wäre ich froh gewesen, es wäre ihm gelungen. Ich wollte von ihm erlöst sein. Später trennte ich mich von ihm.« (23 J., ledig)

»Je länger, je mehr empfinde ich Wut, zuerst gegen mich selbst. Ich habe Angst, alleine auszugehen. Ich kann nicht mehr unbefangen sein, ich bin viel ängstlicher und vorsichtiger geworden.« (31 J., verheiratet)

Dieses Kapitel zeigt Erfahrungen von Frauen auf. Sie beschreiben, unter welchen Bedingungen und mit welchen Folgen sexuelle Ausbeutung ausserhalb und innerhalb von Beziehungen ausgeübt wird. Theoretisch gehe ich davon aus, dass sexuelle Gewalt von Männern jeder Frau in jeder sozialen Situation widerfahren kann, unabhängig von Merkmalen wie Alter, Bildung oder Status. Sexuelle Gewalt gehört unter den gegenwärtigen Lebensbedingungen zum Alltag der Frau und ist dementsprechend ein Massenphänomen. Sexuelle Ausbeutung wird von Frauen auf unterschiedliche Art und Weise bewältigt. Die verschiedenen Modalitäten hängen im wesentlichen von der Tat selbst ab, von der Person des Täters, von den personalen und sozialen Ressourcen der Frau und von den Reaktionen der Umwelt.

In den zwölf Tagen und Nächten, in denen der telefonische Anschluss für Frauen eingerichtet war, klingelte das Telefon 232 Mal. Die Linie wurde in 20 Fällen sofort durch Einhängen unterbrochen. Fünfmal wurden die antwortenden Forscherinnen beschimpft, und 16 Anruferinnen wollten auf diesem Weg ihre Meinung über sexuelle Gewalt kundtun.

191 Frauen berichteten über am eigenen Körper erfahrenen sexuellen Missbrauch. Der Bericht einer Anruferin erschien dem Forschungsteam unglaubwürdig, so dass er für die Auswertung nicht berücksichtigt wurde.

Obschon der in den Medien verbreitete Aufruf zur Mitarbeit sich an Frauen richtete, die als Erwachsene von Männern sexuell ausgebeutet wurden, wollten 34 Frauen ausschliesslich Angaben über erlittene sexuelle Gewalt im Kindesalter machen. Diese Daten wurden aus konzeptuellen und zeitökonomischen Gründen nur in wenigen Fällen aufgenommen. Die betroffenen Frauen regten an, unbedingt in absehbarer Zeit ein vergleichbares Forschungsprojekt zu organisieren, damit sie endlich auch einmal zu Wort kämen.

Es blieben 156 Frauen übrig, deren Angaben für diesen Teil der Studie verwendet werden konnten. Von diesen Anruferinnen wurden bei 27 Frauen Mehrfachprotokolle aufgezeichnet, da sie von verschiedenen Männern zu unterschiedlichen Zeitpunkten sexuell missbraucht wurden. Für den vorliegenden Bericht wurde jeweils nur ein

Fall pro Frau mitgezählt, weil sonst Verzerrungen in der Gesamtverteilung die Folge gewesen wären.

Die einzelnen Gespräche dauerten durchschnittlich etwa eine Stunde. Entsprechend war tagsüber der Telefonanschluss fast immer belegt, in den Nachtstunden durchschnittlich etwa sechs Stunden.

Was wissen wir über die Anruferinnen? 147 der 156 sind Schweizerinnen. Gut die Hälfte der Anruferinnen lebt auf dem Land. 47 Frauen gehören der unteren sozialen Schicht an, mehr als die Hälfte der mittleren, und 23 Frauen zählen zur Oberschicht. Zwei Drittel der Frauen sind erwerbstätig, der grösste Teil als untere Angestellte oder Facharbeiterinnen, gefolgt von den mittleren Angestellten oder Beamtinnen. 44 Anruferinnen sind Hausfrauen. Die Hälfte der 156 Frauen besuchte die Sekundarschule, 47 machten die Matura. 62 Frauen sind verheiratet, die andern sind zur Hälfte ledig oder geschieden, einige wenige sind verwitwet. Zwei Drittel der Befragten haben Kinder. Es riefen Frauen an im Alter von 19 bis 85 Jahren, die zahlenmässig stärkste Gruppe ist diejenige der 40- bis 50jährigen (46 Frauen).

Knapp die Hälfte der Frauen waren zum Zeitpunkt der Tat jünger als 30 Jahre alt, das älteste Opfer war 67 (siehe Abbildung 6).

Abbildung 6:
Altersverteilung der Frauen zum Zeitpunkt des Gewaltfalls

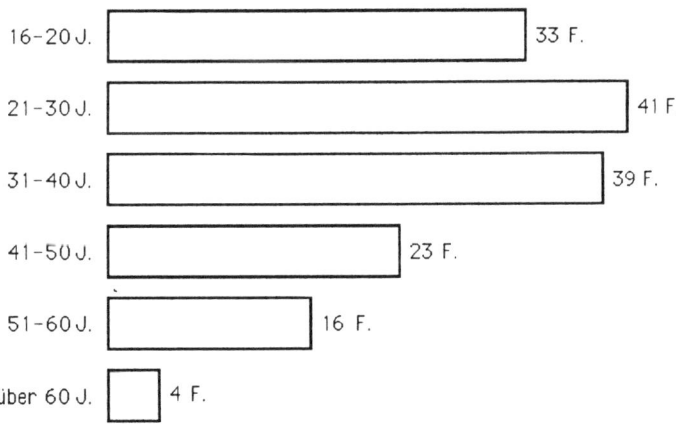

16–20 J.   33 F.
21–30 J.   41 F.
31–40 J.   39 F.
41–50 J.   23 F.
51–60 J.   16 F.
über 60 J.   4 F.

Die Hälfte der Gewaltakte geschah in den letzten fünf Jahren. Aktuell ist die Bedrohung für 18 Frauen, da sie mit dem Täter verheiratet sind. 15 Frauen berichteten über Erfahrungen, die nicht länger als ein Jahr zurückliegen. Der am weitesten zurückliegende Fall datiert aus dem Jahre 1943 (siehe Abbildung 7).

Abbildung 7:
Wie lange liegt bei den Frauen der Gewaltfall zurück?

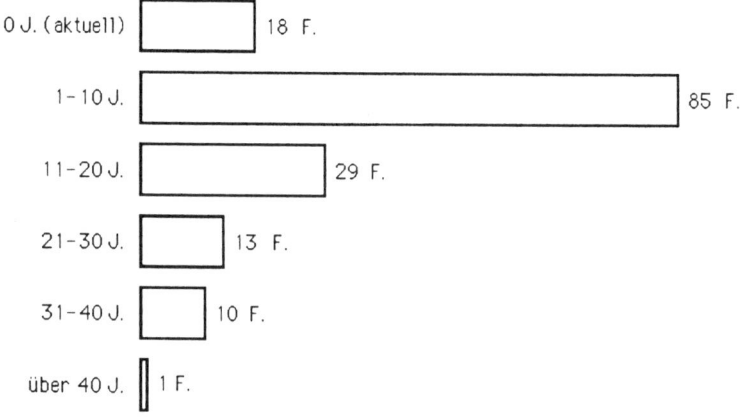

Der sexuelle Missbrauch fand in drei von vier Fällen in privaten Räumlichkeiten statt, vor allem in Wohnungen des Mannes und/oder der Frau. In der Abgeschlossenheit der vier Wände entzieht sich die Gewalt der sozialen Kontrolle. Bei sich zu Hause wird der Mann zum Herrn und Meister. Wer als Frau dieses Territorium betritt oder als Ehefrau oder Freundin mit dem Täter-Partner die Wohnung teilt, befindet sich aus der Sicht des Mannes in seinem Machtbezirk.

»Ich mochte den Mann recht gut, es war interessant, mit ihm zu sprechen. Erst als ich die Wohnung verlassen wollte, weil alle andern Kollegen in eine andere Wohnung gegangen waren, liess er mich nicht weg und schloss die Türe ab. Dann versuchte er auf brutale Art, mich zu vergewaltigen.« (26 J., verheiratet)
»Ich half meiner Freundin während ihrer Schwangerschaft und während ihres Spitalaufenthaltes bei den Haushaltspflichten. In dieser Zeit wurde ich von ihrem Ehemann dreimal in ihrer Wohnung vergewaltigt.« (52 J., geschieden)

Die Gewaltakte ereigneten sich in 109 Fällen während der Nacht. Abends und nachts sind Zeugen spärlicher, und wer dennoch etwas mithört oder beobachtet, hält sich zumeist an die zweifelhafte Tugend der Nicht-Einmischung. Während des Tages geht der Grossteil der Männer einer geregelten Tätigkeit nach. Eine unbestimmte Zahl von ihnen nützt auch dieses soziale Feld zur sexuellen Belästigung von Frauen aus. Nach Arbeitsschluss reklamieren viele Männer ihr Recht auf den Körper der Frau, sei es der der Vertrauten oder der der Fremden.

»Ich lernte zwei junge Männer kennen, abends in einem Café. Später schlugen die Männer vor, mit dem Wagen noch in ein anderes Lokal zu gehen, fuhren jedoch mit mir an den Fluss und vergewaltigten mich.« (49 J., geschieden)
»Ich ging während einer Veranstaltung im Gemeindehaus auf die Toilette, zwei Stöcke tiefer. Vor der Saaltüre stand ein Mann, ich fand ihn etwas komisch. Als ich auf der Toilette fertig war und wieder hinauf wollte, stand er da und drängte mich wieder hinein. Dort versuchte er mich zu vergewaltigen.« (53 J., verheiratet)

Genau die Hälfte der 156 Täter sind den Frauen vertraute Männer, davon ist es 49mal der eigene Ehemann. Nur jeder fünfte Täter war den Frauen völlig unbekannt. Viele Frauen mussten die Erfahrung machen, dass es gerade bei dem Mann passierte, dem sie ihr Vertrauen geschenkt hatten. Sie bezeichnen die Gefahr im nachhinein als *»viel, viel näher«* und glauben, dass Männer in Partnerschaften grosse Mühe haben, ein Nein der Frau zu akzeptieren.

»Schon der erste Ehemann vergewaltigte mich, auch vor den Kindern. Die zweite Ehe war noch schrecklicher, er zwang mich auch tagsüber in der Mittagspause. Beim zweiten Ehemann kam ich dazu, wie er mein Kind missbrauchen wollte.« (61 J., geschieden)
»An jeder Stelle wollten die Chefs mit mir ins Bett. Es waren Männer, denen ich vertraut habe, gute und liebe.« (30 J., ledig)

Lediglich fünf Frauen sind der Meinung, der Mann habe den Überfall nicht im voraus geplant. Die andern 151 Frauen erkennen rückblickend die vorsätzliche Strategie des Mannes. Zum Zeitpunkt der Tat waren sie aber meist nicht in der Lage, die Absicht des Täters zu durchschauen.

»Ich lernte einen Mann kennen, ging mit ihm Kaffee trinken. Nachher sind wir zusammen zu ihm nach Hause, ich suchte Beziehung und Nähe. Zärtlichkeiten habe ich mitgemacht, aber auch genau gesagt, wann ich nicht mehr wollte. Seine Reaktion: Jetzt habe ich dir gegeben, soweit hast du mitgemacht, jetzt will ich auch noch etwas haben. Dann zwang er mich zu sexuellen Handlungen.« (30 J., ledig)

»Nach einem Betriebsfest sind die Leute auf Autos aufgeteilt worden. Ich dachte dort schon, mit wem fahre ich heim, wie kommt das wieder raus. Ich stieg dann zu einem braven, biederen Familienvater ins Auto, dem ich glaubte, trauen zu können. Unterwegs wurde er sexuell gewalttätig.« (49 J., geschieden)

Die sexuelle Gewalt, von der uns die Frauen berichten, wurde in neun von zehn Fällen von Einzelpersonen ausgeübt. 95 der sexuellen Attacken waren Vergewaltigungen, 31 Vergewaltigungsversuche und 30 andere sexuelle Übergriffe. Drei Viertel der Männer wandte physische Gewalt an, und gut jeder zehnte gebrauchte eine Waffe. Neben der körperlichen Gewalt wurden Frauen von Männern massiv bedroht und unter Druck gesetzt.

»Mein Mann sagte mir, wenn ich nicht hinhalte, wecke er das Kind und onaniere vor ihm. Falls ich mit jemandem darüber sprechen würde, würde er mich und das Kind erschiessen.« (71 J., geschieden)

»Er bekommt nie genug. Eine Frau müsse doch für ihn dasein, um ihn zu befriedigen. Er hat Angst, zu kurz zu kommen. Er habe nichts vom Leben, wenn das auch noch wegfalle. Auf eine Unterleibsoperation von mir nahm er keine Rücksicht. In Heften und Fernsehen wird ihm immer gezeigt, dass Frauen bereit sind.« (46 J., verheiratet)

Die Hälfte der Frauen versuchte, den Täter mit Vernunftsargumenten von seinem Handeln abzubringen. Sie redeten ihm zu, wollten ihn in ein Gespräch verwickeln oder appellierten an seinen gesunden Menschenverstand. Beinahe ebenso viele wehrten sich mit körperlicher Kraft.

»Ein Mann griff mich von hinten an und würgte mich. Er wollte Geld von mir. Ich hatte aber keines dabei. Er: Jetzt musst du mir halt einen blasen. Ich biss ihn dann in die Hand, um ihn abzulenken. Dann wollte er von hinten in mich eindringen, worauf ich ihn aufmerksam machte, dass ich gerade die Men-

struation habe und ihm ein Tampon im Weg sei. Er zwang mich, den Tampon herauszunehmen, doch alle Versuche in mich einzudringen, scheiterten. Ich versuchte, ihn immer wieder zur Vernunft zu bringen, zu sagen, dass es doch keinen Sinn hat, worauf er neue Stellungen ausprobieren wollte.« (48 J., ledig)

Folgen von Verbrechen und Zerstörung

Was dachten und empfanden die Frauen während des Gewaltaktes? Das häufigste Gefühl war Schrecken und Panik. Solche Angstgefühle empfand die Hälfte der Befragten. Jede dritte fühlte sich erniedrigt. Je ein Viertel spürte Hilflosigkeit, Ekel oder Wut.

»Ich fühlte mich gedemütigt, entwertet, wie der letzte Dreck, die nur für das da ist.« (29 J., geschieden)
»Ich war wie ein Eisklotz, alles versteift, und kam mir sehr minderwertig vor. Ich war völlig ohnmächtig.« (38 J., geschieden)

Drei Viertel der Frauen identifizierten die Tat während des Geschehens als sexuelle Gewalt. 62 bewerten sie heute als Verbrechen. Für knapp ein Fünftel handelt es sich um einen Zerstörungsakt.

Wenn die Frauen nach dem wahrscheinlichen Motiv des Mannes gefragt werden, sind sich mehr als die Hälfte darin einig, dass der Mann aus Minderwertigkeit oder aus männlichem Selbstverständnis Macht über die Frau ausüben wollte. 31 Frauen glauben, der Mann habe aus Wut oder Frustration gehandelt. Nur 15 Anruferinnen sind der Ansicht, den Mann habe ein sexuelles Verlangen zur Tat getrieben. Mit steigender Bildung der Frauen werden dem Mann mehr Macht- und weniger Sexualmotive zugeordnet.

»Mein Ehemann ertrug es nicht, wenn ich mich widersetzt habe. Ich sei anders als zu Beginn unserer Beziehung. Dann wollte er mit Gewalt erreichen, dass ich so wie früher war.« (42 J., geschieden)
»Mein Mann ist ein Mensch, der sehr viele Minderwertigkeitskomplexe hat und sehr labil ist. Vielleicht kann er sich mit dem bestätigen. Er behauptete, es sei sein Recht.« (38 J., geschieden)
»Er meinte, ich sei sein Eigentum, und war dann verzweifelt, weil er es nicht ganz erreichen konnte, mich nicht ganz beherrschen konnte, auch nicht meinen Körper.« (44 J., geschieden)

Mehr als die Hälfte der Frauen erlitt durch die Tat für kurze oder längere Zeit körperliche Schäden. Die Liste der Verletzungen reicht von Blutergüssen, heftigen Rückenbeschwerden bis zu jahrelangen Unterleibsschmerzen. Mehr als jede fünfte Frau musste deshalb ärztliche Behandlung in Anspruch nehmen.

»Ich konnte nichts mehr essen, ich hatte wahnsinnige Bauchschmerzen. Es feuerte im ganzen Körper.« (52 J., verheiratet)

Seelisch sind die Frauen in noch breiterem Masse betroffen. Beinahe zwei Drittel müssen seither mit Angst und Misstrauen leben. In einigen Fällen sagten Frauen, die Erziehung der eigenen Kinder habe ihnen wieder etwas Lebenssinn zurückgegeben. Mehr als die Hälfte der 156 Anruferinnen fühlt sich aber oft niedergeschlagen und einsam. Das erschütterte Selbstvertrauen mündet in ein Gefühl des Kontrollverlustes, in Hilf- und Machtlosigkeit.

»Ich hatte sehr starke körperliche Schmerzen dabei, und das hat mich vor allem seelisch unheimlich verwundet.« (34 J., ledig)
»Ich fühle mich sehr eingeschränkt, habe das Gefühl, nur noch zu vegetieren, habe dauernd Angst.« (27 J., ledig)

Bei einem Viertel der Frauen richtet sich die Wut, die Ohnmacht gegen sich selbst, sie neigen zu Selbsthass und Selbstgefährdung. Bei 30 der 156 Frauen wendet sich der Zorn gegen aussen, gegen die Person des Täters oder allgemein gegen Männer und den Staat.

Die psychischen Effekte erfordern professionelle Hilfe. 62 Frauen suchten gerade nach der Tat oder auch Jahre später psychologische oder psychiatrische Therapiestellen auf, in denen sie den Gewaltakt und dessen Folgen angehen wollten.

Fast die Hälfte der Frauen musste aber schon während der Tat oder unmittelbar danach für kurze oder längere Zeit, manchmal über Jahrzehnte, das Gewalterlebnis verdrängen, aus dem Bewusstsein streichen, um einigermassen weiterleben zu können.

»Ich empfinde nichts dabei, bin in Gedanken woanders, habe nichts davon, ich halte einfach anstandshalber hin.« (58 J., geschieden)
»Als ich drei Jahre später darüber zu sprechen begann, merkte ich, was mir passiert war.« (30 J., verheiratet)

Bei 86 Frauen führte die Erfahrung der sexuellen Gewalt zu einer negativeren Einstellung gegenüber Männern. Auch die Einstellung zu Beziehungen und zur Sexualität zwischen Mann und Frau hat sich bei einem Drittel der Frauen dadurch verschlechtert.

»Seither kann ich nichts mehr haben, und die Männer können mir einfach den Buckel runterrutschen.« (34 J., ledig)
»Männer massen sich das Recht an, Frauen unterzuordnen. Besonders bei alleinstehenden Frauen meinen sie, dass diese Freiwild seien und immer bereit. Vor allem in meinem Alter ist es fast noch schlimmer als bei den Jüngeren. Am Anfang, nach der Scheidung, als ich wieder alleine war, war es schrecklich, wie die reagiert haben.« (52 J., geschieden)

Auch der Staat wird bei jeder fünften Frau seither negativer beurteilt. Die Erfahrungen mit den Behörden, mit den polizeilichen, rechtlichen und sozialen Instanzen veränderten die Einstellungen. Diesen Wandel vollzogen vor allem Frauen, die eine Anzeige gemacht haben oder sich an eine staatliche, sozial-medizinische Anlaufstelle wandten.

»Mühsam, diese Männerinstitutionen, Gerichte, Polizei. Alle Männer kommen als Täter in Frage, ich habe ein totales Misstrauen.« (34 J., ledig)
»Der Staat schafft eine heile Welt von schöner Partnerschaft. Die bürgerliche Version von Leben ist bigott, Ehe und Familie seien erstrebenswert als Grundpfeiler für die Gesellschaft, obwohl sich in der Realität sehr viele Probleme in Beziehungen ergeben.« (30 J., ledig)

Mit wem wurde das Gewalterlebnis besprochen, und wie wurde dieses Gespräch erlebt? Ein Viertel der Frauen hat an dieser Telefonaktion erstmals in ihrem Leben über die erlittene sexuelle Gewalt gesprochen. Vor allem Schamgefühle, Angst oder die Abhängigkeit vom Täter verhinderten ein früheres Gespräch mit andern Personen.

»Ich sprach bisher mit keinem Menschen darüber, dass ich von fünf Männern vergewaltigt worden bin.« (45 J., verheiratet)
»Seither ist alles verändert. Ich habe zwar Kontakte und mache Sport, bin mit vielen Leuten zusammen, aber nur der Form halber, damit niemand Fragen stellt. Ich habe totale Angst, ich kann nicht darüber reden.« (19 J., ledig)

119 Frauen sprachen gerade nach der Tat oder auch viel später mit einer oder mehreren Personen über den Gewaltakt. Häufigste Gesprächspartnerinnen waren Freundinnen oder Kolleginnen, gefolgt von den Lebenspartnern und den professionellen Institutionen (Eheberatung, Ärztin, Nottelefon, Frauenhaus u. a.). 19 Frauen wollten nicht sagen, mit wem sie über die Tat gesprochen haben.

Die Frauen machten unterschiedliche Erfahrungen mit ihren Gesprächspartnerinnen und -partnern (siehe Tabelle 1). Vor allem bei Familienmitgliedern und Lebenspartnern stieg der Anteil negativer Erfahrungen stark an.

»Damals hatte ich meinen Ehemann sehr beruhigt, denn er war total aus dem Häuschen, wie es passiert ist (Frau wurde von vier Männern vergewaltigt). Er hatte grosse Probleme und konnte nicht nachvollziehen, dass ich ein halbes Jahr später angefangen habe durchzudrehen.« (37 J., geschieden)

»Mein Partner hat sehr hysterisch reagiert, vor allem weil ich kein Drama aus dem Erlebnis gemacht habe (Frau wurde in Garage von Unbekanntem vergewaltigt). Er fand, ich sei nicht normal, ich solle zum Psychiater oder in eine Klinik. Sein Bohren und Fragen machte mir zu schaffen.« (48 J., ledig)

Wenn die Personen, an die sich die Frau in ihrer Not wandte, ihr mit Unverständnis und Misstrauen begegneten, wiegt das Gewalterlebnis doppelt schwer. Die Frauen, die von solchen Reaktionen ihrer Umwelt betroffen sind, verlieren vollständig das Vertrauen in andere Menschen. Sie sind zutiefst enttäuscht und fühlen sich ausgeschlossen. Die Umwelt will die Gewalt nicht wahrhaben und rationalisiert das Vorgefallene.

»Ich merke, wie es die Leute nicht ertragen, wenn man ihnen gegenübersteht und darüber sprechen will. Sie wollen dann das Thema wechseln. Wie das mich noch mehr abgrenzt, isoliert, in die Sprachlosigkeit zurückwirft.« (44 J., geschieden)

»Mein Freund meinte: Wenn einer mit Frauen so unsanft (Vergewaltigungsversuch) umgeht, dann muss er sich nicht wundern, wenn er keine findet. Er fand es nicht so schlimm. Diese Reaktion war für mich ebenso schlimm wie das Erlebnis selber.« (34 J., verheiratet)

Tabelle 1:
Wie haben die Kontaktpersonen reagiert?

Bewertung / Kontaktperson	Total	ein- fühlsam	unein- fühlsam	miss- trauisch
Freundinnen, Kolleginnen	32	26	5	1
Professionelle	21	15	4	2
Lebenspartner	21	12	8	1
weibliches Familienmitglied	16	8	4	4
Freunde, Kollegen	6	5	1	0
männliches Familienmitglied	4	1	1	2
	100	67	23	10

Die guten Erfahrungen mit den Freundinnen und Kolleginnen zeigen sich auch daran, dass 32 Frauen zu Protokoll gaben, nach der Tat positivere Einstellungen zu Frauen gewonnen zu haben.

Von grosser Wichtigkeit für die Verarbeitung der sexuellen Gewalt ist das soziale Netz der betroffenen Frau. Je besser die Frau sich in soziale Gruppen eingebunden fühlt, desto weniger leidet sie unter seelischen Folgen. Da sie mehr Vertrauen zu ihren Freundinnen und Freunden hat, spricht sie auch häufiger über den Gewaltakt und erlebt gleichzeitig die Reaktionen ihrer Umwelt in einem positiveren Sinne als solche Frauen, die ihr soziales Netz als mässig oder schlecht bezeichnen. Dank der Unterstützung durch ihr Umfeld muss sie auch weniger oft therapeutische Hilfe beanspruchen.

Beruflich hatte der Gewaltakt für fast jede dritte der erwerbstätigen Frauen direkte Folgen. 20 Frauen verliessen ihre Stelle, vieren davon wurde gekündigt. 12 Frauen wurden krank und stiegen beruflich ab.

In 15 Fällen führte der sexuelle Gewaltakt durch einen andern Mann zu Krise und Trennung in der Partnerschaft. 29 Frauen zogen der Tat wegen aus ihrer Wohnung aus, 13 davon sind in der Ehe missbrauchte Frauen.

Fast die Hälfte der Frauen fühlt sich durch die Tat in ihrer Bewegungsfreiheit eingeschränkt und unterlässt gewohnte Aktivitäten. Sie gehen z.B. abends nicht mehr aus, fahren nicht mehr mit öffentlichen Verkehrsmitteln nach Hause oder laden keine Freunde mehr zu sich ein. Manche ziehen sich ganz aus dem gesellschaftlichen Leben zurück.

»Man kann als Frau nie richtig Frau sein, wenn man fröhlich ist und die eigene Erotik leben läßt, dann ist das zwar schön, die andern haben aber wieder diese Berechtigung. Man hat es ja ausgestrahlt und Signale gegeben. Wenn man sich selber kastriert, ist es eine Art, sich zu schützen. Ich habe das Gefühl, ich habe keine Sonne mehr in mir, völlig lustlos, wegen der dauernden Unterdrückung.« (29 J., verheiratet)

»Ich bin vorsichtiger geworden, weiss nicht mehr, wie ich mich benehmen soll. Soll ich noch zurückhaltender, noch eisiger, noch abweisender werden, denn eigentlich bin ich ja eine fröhliche und lustige Natur.« (49 J., geschieden)

Der Rückzug der geschädigten Frauen zeigt sich auch beim Freundeskreis. 31 Frauen gaben ihn auf. Nur eine Minderheit von acht Ehefrauen erkämpfte sich durch die Scheidung ein Gefühl grösserer Autonomie.

Sie hätten wissen müssen, worauf sie sich einliessen

Wenn einer Frau sexuelle Gewalt angetan wird, so hat sie im Rechtsstaat die Möglichkeit, den Täter anzuzeigen. So steht es geschrieben, und so will es auch die öffentliche Meinung. Wie viele Anruferinnen haben eine Anzeige gemacht? 126 Frauen verzichteten darauf, vor allem weil sie keine Unterstützung erwarteten, sich schämten, sich schuldig fühlten, nicht noch einmal alles durchleben wollten oder Angst vor dem Täter hatten.

»Ich habe bei allen vier Vorkommnissen nie die Polizei benachrichtigt, weil ich nicht nochmals da hindurch wollte, und dann quasi Vorwürfe und Nicht-Glauben . . . vor allem nochmals alles durchleben.« (49 J., geschieden)

30 Frauen erstatteten Anzeige bei der Polizei. In der grossen Mehrzahl der Fälle waren dabei die Erfahrungen negativ. Anstelle von Verständnis oder zumindest neutraler Datenaufnahme wurden den Frauen Vorhaltungen gemacht. Sie hätten sich nicht provokativ benehmen sollen (»abends durch einen Park laufen«) oder sie sollten doch Mitleid mit dem Täter haben, schliesslich habe er Familie.

»Die Reaktion der Polizei hat mich massiv entsetzt. Die Polizei sagte, was ich überhaupt wolle, wenn ich keine richtigen Angaben machen könne, nicht mal mehr wisse, wie der Täter gesprochen habe. Sie konnten sich nicht vorstellen, dass es eine echte Lebensbedrohung ist, wenn man gewürgt wird.« (41 J., ledig)
»Es stellte sich heraus, dass der Verbrecher Frau und Kinder hatte und dass sich deshalb sowieso nichts machen liess. Da liess man das Ganze schleifen. Die Polizei sagte mir, ich solle mich das nächste Mal besser erkundigen, mit wem ich da in die Wohnung ginge.« (35 J., ledig)
»Nach der Anzeige rief am Abend die Mutter des Täters bei mir an, machte Theater, sie habe einen Goldjungen, seine Karriere sei gefährdet. Der Wahnsinn dabei war, dass die Polizei der Mutter meine Telefonnummer gegeben hatte.« (41 J., verheiratet)

Die 30 Anzeigen führten zu neun Verfahren. Die neun Verfahren führten zu sechs Prozessen. Die sechs Prozesse führten zu vier Verurteilungen. Rund jeder siebten Anzeige folgte demnach eine Verurteilung des Täters. Diese Zahlen entsprechen dem nationalen Mittel recht gut (vgl. Abbildung 3). Dennoch haben sie vor allem Geltung für die befragte Stichprobe und spiegeln hier die realen Erfahrungen von 30 Frauen mit den Untersuchungsorganen.

Vergewaltigungsversuche wurden häufiger angezeigt als Vergewaltigungen oder sexuelle Übergriffe. Je bekannter und vertrauter der gewalttätige Mann ist, desto weniger anzeigewillig ist die Frau. Altersmässig zeigten die 20- bis 50jährigen Opfer am ehesten an. War die Frau zum Zeitpunkt der Tat unter 20 Jahre alt oder über 50, war sie nur in wenigen Fällen bereit, eine Anzeige zu machen.

Mehr als ein Viertel der Frauen zog es vor, sich von einer sozial tätigen Institution beraten zu lassen (juristische, medizinische, psychologische, psychiatrische Hilfe u. a.). Auch hier überwiegen die negativen Erfahrungen, in 24 von 40 Fällen.

»Ich habe in psychiatrischen Kliniken über die Vergewaltigung durch einen Verwandten gesprochen. Mehr als ein Psychiater sagte mir, ich hätte diesen Trieb auch, würde ihn nur unterdrücken.« (50 J., verheiratet)
»Der Therapeut hat es nicht nachvollziehen können (sie wurde auf dem Heimweg angegriffen, Vergewaltigungsversuch). Er bezog es auf mein Aussehen, dass es so halt kein Zufall sei, daraufhin brach ich die Therapie ab.« (34 J., ledig)
»Die Paartherapie hatte keinen Wert für uns. Der Therapeut schlug die Lösung ›zweimal pro Woche Beischlaf‹ vor.« (55 J., verheiratet)

Abgesehen von den Mitarbeiterinnen der Frauenhäuser und der Nottelefone scheinen Vertreterinnen und Vertreter anderer Berufszweige oft überfordert, Frauen in derartigen Situationen adäquat zu unterstützen. Besonders groteske Formen der Missachtung weiblichen Leids finden dann statt, wenn die Gewalt in der Ehe stattfindet.

»Ich versuchte, mit meinem Frauenarzt darüber zu sprechen. Dieser meinte: Ja wissen Sie, das ist für viele Frauen nicht angenehm. Wahrscheinlich sei das Vorspiel zu wenig lang gewesen.« (33 J., ledig)
»Obwohl mich mein Ehemann vergewaltigte, riet mir meine Anwältin von einer Scheidung ab, aus finanziellen Gründen. In meinem Alter könne ich

mir eine Scheidung aus Gründen der Altersvorsorge gar nicht mehr leisten. Bei einer Scheidung würde sie mir nicht mehr helfen.« (57 J., verheiratet)

Niemand als die betroffenen Frauen kann besser Auskunft geben über die Situation des Opfers sexueller Gewalt. Sie wissen, was es heisst, von Männern attackiert zu werden. Sie sind gegen ihren Willen Expertinnen geworden. Wir fragten sie deshalb, welches Verhalten sie andern Frauen in ähnlichen Situationen raten würden?

Am häufigsten empfehlen die Frauen körperlichen Widerstand, gefolgt vom Rat, den gewalttätigen Mann mittels Argumenten von seinem Handeln abzubringen.

»Frauen müssen heikle Stellen im Gesicht des Mannes treffen, seine Augen zerkratzen, ihn beissen. Nach dem ersten Schlag müssen sie abhauen. Frauen müssen sich körperlich fit halten. Sie brauchen sich deshalb nicht zu schämen.« (44 J., verheiratet)

»Es gibt Möglichkeiten, sich zu wehren. Mit meinen offensiven Reaktionen habe ich es bis jetzt immer geschafft, Männer in die Flucht zu schlagen. Ich bin jedes Mal extrem wütend geworden, habe jedoch nachher regelmässig gezittert und Schweissausbrüche gehabt.« (35 J., verheiratet)

Allerdings betonen die meisten Frauen, dass Empfehlungen zum konkreten Verhalten in einer Gefahrensituation nur sehr vorsichtig gegeben werden können, da jede Situation anders ist und den Umständen entsprechende Reaktionen verlange.

Generell sehen die Frauen in einem stärkeren individuellen und kollektiven Selbstbewusstsein die beste Waffe der Frau gegen die männliche sexuelle Gewalt. Diese Selbstsicherheit erreiche die Frau am ehesten durch Solidarität zwischen den Frauen, durch gegenseitige Unterstützung. Hand in Hand mit dieser Strategie sollen sich die Frauen zur Selbstverteidigung ausbilden. Dadurch stärke sich das Selbstbewusstsein, und es werde möglich, sich in einer konkreten Situation zu widersetzen. Die Frauen sollen frühzeitig Gewalt erkennen lernen und sich nichts gefallen lassen. Allgemein sollten sie versuchen, Abhängigkeiten vom Mann zu vermeiden, und sich ihrer eigenen Stärke bewusst werden. Diese Änderungen würden eine Revision ihres Rollenbildes bedingen.

59 Frauen wollten sich dazu äussern, was Männer gegen männliche sexuelle Gewalt tun können. Das wirksamste Mittel sehen die Frauen

in der Selbstveränderung der Männer. Sie sollen lernen, miteinander zu reden, zärtlicher zu werden, und auf ihren Machtanspruch verzichten.

»Es braucht beziehungsfähige Männer, die gesprächsfähig und verständig und nicht so rollenfixiert sind. Sie sollen vom hohen Ross herunterkommen.« *(30 J., verheiratet)*
»Männer müssen das Nein einer Frau respektieren. Männer sollen in Männergruppen gefühlsmässig an sich arbeiten und wegkommen von der Macht.« (31 J., verheiratet)

Zum Staat fallen mehr als der Hälfte der Frauen Massnahmen und Forderungen ein. Primär soll der Staat für mehr Öffentlichkeit über sexuelle Gewalt sorgen. Durch Aufklärung und Erziehung könnten sich festgefahrene Geschlechterbilder verändern. Der zunehmenden Kommerzialisierung von Sexualität und Gewalt in den Medien müsste entgegengetreten werden. Des weiteren müsste der Staat seine frauenfeindlichen Gesetze wie auch seine Gerichtspraxis revidieren.

»Selbstverteidigung müsste für jede Frau obligatorisch sein, damit Männer von dem ausgehen müssen. Solche Kurse statt Haushaltungsschule. Auch Gewalt und Sexualität müsste als Lebenskunde im Lehrplan eingebaut werden. Eine humanere bzw. frauenfreundlichere Rechtspraxis ist notwendig. Forschung zu Gewalt zwischen Mann und Frau muss mehr gemacht werden. Die Medienlandschaft muss verändert werden.« (42 J., ledig)
»Unentgeltliche Rechtspflege für Geschädigte muss gewährt werden. Vergewaltigungsprozesse sollten nicht öffentlich sein. Die Frau als Zeugin soll so wenig wie möglich mit dem Täter konfrontiert werden. Die öffentlichen Verkehrsmittel müssen wieder mit Personal verkehren.« (37 J., ledig)

Abschließend sind die Frauen der Meinung, es müssten Frauen und Frauenprojekte vermehrt unterstützt werden, die sich für die Gleichstellung der Geschlechter einsetzen. Bei solchen Aktionen sei garantiert, dass die finanziellen Mittel auch wirklich dazu beitragen, die Stellung der Frau in der Gesellschaft zu verbessern.

Tatverlauf: Worauf es ankommt

a. Die Person des Täters

Im Hinblick auf die Folgen der sexualisierten Gewalt für die Frau ist es wesentlich, in welchem Grad die Frau den gewalttätigen Mann vor der Tat kannte; unbekannt, bekannt oder vertraut. War der Mann der Frau völlig unbekannt, hatte sie während des Gewaltaktes kaum je das Gefühl, sie trage für den Überfall Verantwortung. Der Anteil der Schuldgefühle wurde grösser, wenn der Mann der Frau bekannt war. Ein Drittel der Frauen, die den Täter kannten, machen sich selbst Vorwürfe, nicht genug früh die Absichten des Mannes durchschaut und sich zu spät gegen ihn gewehrt zu haben.

»Ich habe mich auch selbst schuldig gefühlt. Ich hätte nicht mitgehen dürfen. Aber er war so nett, ein unkomplizierter Typ. Aber dann ist er plötzlich so aggressiv geworden, als er aufs Ganze wollte. Ich weiss heute noch nicht, wann ich eigentlich mitgehen darf. Einzeln dürfen Frauen das wirklich nicht.« (29 J., verheiratet)

Bekannte Täter wandten nach Aussage der Frauen auch weniger Gewalt an als unbekannte oder vertraute. Die Selbstanklagen gehen wieder zurück, wenn die Frau mit dem Mann in einem vertrauten Beziehungsverhältnis stand. In diesem Fall gehen die missbrauchten Frauen davon aus, dass der Mann genau wissen musste, ob die Frau wollte oder nicht.

Gefühle der Angst und des Schreckens während des Gewaltaktes traten je seltener auf, desto vertrauter der Mann der Frau war. Hingegen empfanden die Frauen im stärkeren Masse Ekel und Abscheu, wenn ihnen der Mann bekannt und vertraut war, und vor allem fühlten sich die Frauen um so erniedrigter, je vertrauter ihnen der Täter war. Bei solchen Männern versuchten sie, teilweise mit Bitten und Flehen, den Mann vom Gewaltakt abzubringen. Diese Strategie wandten nur wenige bei bekannten Tätern und fast keine Frau bei unbekannten Männern an.

Je bekannter und vertrauter ein Mann war, desto mehr sagten die

Frauen, sie hätten die Tat erst später, nach dem Geschehen als Gewaltakt identifiziert. Das Stereotyp, ein Vergewaltiger sei immer ein Fremder, verhinderte eine frühzeitige Erfassung der Gewaltsituation.

Wenn der Mann unbekannt war, haben die Frauen fast immer mit einer oder mehreren Personen über die Tat gesprochen. Deutlich zurückhaltender waren die Frauen, wenn ihnen der Mann bekannt oder vertraut war. Die befragten Frauen scheinen ein Gespür für die Reaktionen der Umwelt zu haben, denn entschieden häufiger erlebten sie ihre Umgebung unterstützend, wenn der Täter unbekannt war. Bei bekannten und vertrauten gewalttätigen Männern schlug die Unterstützung rasch in Missbilligung um.

Je bekannter und vertrauter ein Täter war, desto stärker wirkte sich die Gewalt auf die Einstellungen der Frau aus. In einem solchen Fall verlieren mehr Frauen die Stabilität ihrer Überzeugungen und sehen Geschlechterfragen und allgemeine soziale Themen in einem negativeren Licht als vor der Tat.

Je bekannter und vertrauter der gewaltausübende Mann war, desto seltener glaubt die Frau, er habe aus sexuellen Motiven gehandelt. Viel häufiger sind die Frauen der Ansicht, solche Männer treibe das Verlangen nach Macht und Kontrolle zur Gewalt.

Je mehr Einkommen und Ansehen (Status) der gewalttätige Mann besitzt, um so stärker leidet die Frau später an Angstgefühlen. Zum einen hat der statushöhere Mann mehr Möglichkeiten, der Frau auch nach der Tat noch zu schaden. Zum andern wird ihre Überzeugung erschüttert, Sexualtäter kämen nur aus niederen sozialen Schichten. Die Frau fühlt sich fortan plötzlich von allen Männern bedroht. Das soziale Umfeld vergrössert die Besorgnis, indem die Unterstützungsbereitschaft für die Frau mit steigendem Status des Täters sinkt.

b. Der Zeitpunkt der Tat

Das Alter der Frau zur Zeit des Gewaltaktes spielte eine Rolle bei der Wahl der Abwehrmittel. Je jünger die Frauen waren, desto eher wehrten sie sich körperlich und desto häufiger schrien sie um Hilfe. Die Gruppe der zum Tatzeitpunkt 30- bis 40jährigen Frauen vertrauten in stärkerem Masse auf die Kraft des Wortes. Sie versuchten, den Täter mit Vernunft oder Bitten von seinem Handeln abzubringen. Die Strategie des Hinhaltens, der Duldung (damit die Gefahr oder Erniedrigung möglichst schnell und risikolos vorüberging) wurde von jungen Opfern unter 20 Jahren wesentlich weniger angewandt als von solchen über 50 Jahren.

Je jünger die Opfer waren, um so verheerender sind die psychischen Folgen. Dieses Ergebnis wird auch von Frauen bestätigt, die sowohl als Kind wie als Erwachsene sexuell ausgebeutet worden sind. Für sie war die Kindheitserfahrung in der Regel gravierender. Der Missbrauch des kindlichen Vertrauens und die Zerstörung eines sich gerade erst entfaltenden Lebens hinterlässt tiefe Spuren.

Unmittelbar nach der Tat treten die seelischen Folgen für die Frau meist noch nicht in aller Deutlichkeit zutage. Der Schock sitzt zu tief, die Verletzung ist zu gross, sie muss verdrängt werden. Die Frau will es nicht wahrhaben, dass gerade ihr so etwas Schreckliches passierte, sie will ihren gewohnten Lebensstil weiterführen. Häufig erst nach ein bis zwei Jahren vermag sie das Erlebte nicht mehr zu unterdrükken. Jetzt schnellen die Angst-, Depressions- und Schuldgefühle in die Höhe. Nach vier bis fünf Jahren pendeln sie sich auf einem etwas niedrigeren, aber gesamthaft immer noch hohen Niveau ein, auf dem sie meist den Rest des Lebens verharren (siehe Abbildung 8).

Abbildung 8:
Zeitliche Distanz zur Tat und manifeste psychische Folgen

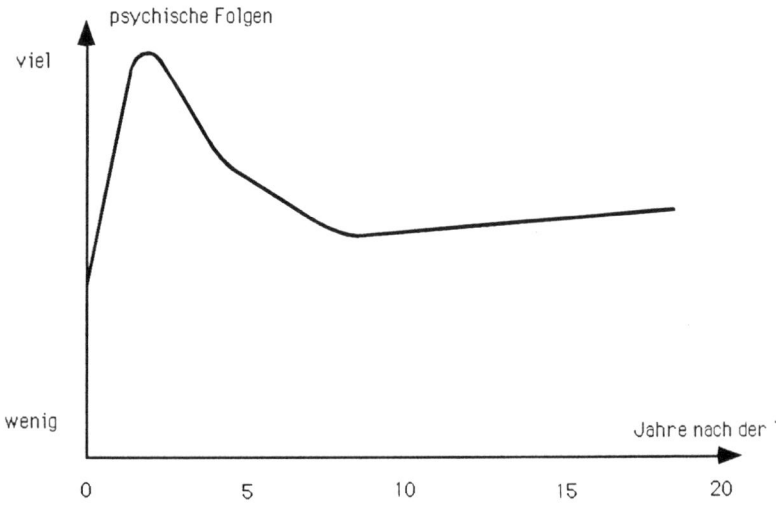

c. Die Reaktion der Frau

Wenn befragte Frauen glaubten, der Mann habe sie missbraucht, weil er sich aus irgendeinem Grund rächen oder weil er eine Frustration aggressiv gegen sie ausleben wollte, reagierten sie in besonderem Masse zornig. Die Wut des Täters provozierte häufig eine Gegenwut des Opfers. Dieser Zorn setzte sich in spezifische Reaktionen um. Befragte Frauen dieser Kategorie flohen, schrien und wehrten sich auch physisch häufiger gegen den Mann. Sie suchten ihre Chance weniger mit Argumenten oder mit Bitten, und kaum eine wählte die Strategie des Hinhaltens.

Es zeigt sich an den Gesprächen mit den Frauen, dass solche, die diese Wut während der Tat empfanden, später weniger unter seelischen Folgen zu leiden haben als Frauen, die ohne Wut reagieren.

Frauen, die während der sexuellen Attacke des Mannes schrien oder sich körperlich wehrten, fühlten sich weniger erniedrigt. Ihre aggressive Verteidigung wirkte sich positiv auf ihren Selbstwert aus. Sie hatten der Gewalt des Mannes eigene Stärke entgegengesetzt. Zeigten sie dem Mann hingegen ihre Schwäche, indem sie ihn um Schonung baten, fühlten sie sich häufiger gedemütigt als andere Frauen. Sie verloren schneller die Achtung vor sich selbst.

Frauen, die zu spüren glauben, dass es für den Mann vor allem darum ging, ihr seine Macht über sie zu zeigen, fühlen sich in besonderem Masse dem Gefühl der Erniedrigung ausgesetzt, viel eher als solche, die den Mann für einen Trieb- oder Affekttäter halten.

Die Vergewaltigung ist der massivste Angriff auf die Psyche der Frau. Häufiger als bei Vergewaltigungsversuchen oder bei sexuellen Übergriffen geben die Frauen seelische Folgeerscheinungen zu Protokoll. Wurde die Frau von mehreren Männern gleichzeitig vergewaltigt, vervielfacht sich der psychische Druck.

Je mehr eine Frau unter Auswirkungen wie Angst, Depression und Einsamkeit zu leiden hat, desto mehr geht sie mit der Gewalttat auf selbstzerstörerische Art um. Sie macht sich Vorwürfe, frisst das Geschehene in sich hinein und verhält sich nach aussen unauffällig, angepasst und folgsam. Zusätzlich zieht sie sich vermehrt aus der Öffentlichkeit in ihre Privatsphäre zurück. Grosse seelische Belastungen verunsichern die Frau in ihren Meinungen und Haltungen. Sie nimmt häufiger, allerdings meist erst nach Jahren, therapeutische Hilfe in Anspruch.

d. Die Wirksamkeit der Abwehr

»Über Jahre wurde ich von meinem Mann gedemütigt und bedroht, auch mit verbal-sexuellen Attacken. Ich hatte Todesangst. Dann bereitete ich mich systematisch auf Vergewaltigungen vor, mit Fitness-Training und Literatur über Gewaltfragen. Als er mich in den Ferien vergewaltigen wollte, schlug ich erstmals zurück. Als er mir die Frauenwürde absprechen wollte, musste ich kämpfen.« (44 J., verheiratet)

Auffallend ist zunächst einmal, dass unter den 25 Frauen, welche die Vergewaltigung verhindern konnten, proportional mehr ledige Frauen sind als im Gesamt der Anruferinnen. Parallel dazu sind es eher die zum Tatzeitpunkt jüngeren Frauen. Meistens haben diese Frauen auch keine Kinder. Ältere Frauen mit Kindern, mit einem langjährigen Partner scheuten sich oder trauten es sich weniger zu, gegen den Täter offensive Mittel einzusetzen. Sie fürchteten sich vor einer Gewalteskalation und stellten Risiken für ihre Familie in Rechnung. Die Einbindung in festgefügte Familienstrukturen machte sie in ihren Handlungen unfreier, sie sind es gewohnt, das Wohlergehen anderer immer mitzudenken. Damit fehlte ihnen die gesammelte Energie, die es braucht, um eine Chance gegen einen Angreifer zu haben.

Wenn sich Frauen mittels Flucht, lautstarkem Rufen und körperlichem Widerstand gegen die Absichten des Mannes stemmten, stieg die Wahrscheinlichkeit einer erfolgreichen Abwehr, ohne dass sie damit zwangsweise grösserer körperlicher Verletzung ausgesetzt waren. Die 25 Frauen, die erfolgreich abgewehrt haben, berichteten über weniger körperliche Folgen als die andern Frauen. Wählten Frauen die Taktik des Redens, sank der Anteil der erfolgreichen Abwehr.

Es ist nicht die Angst, die es ausmachte, ob eine Frau die totale Verletzung abwenden konnte oder nicht. Angst hatten alle mehr oder weniger. Hingegen fühlten sich die 25 Frauen während des Angriffs weniger hilflos und weniger erniedrigt. Gefühle der Ohnmacht und der Demütigung können Widerstand blockieren. Vor allem aber waren diese Frauen wütender. Der Zorn setzte Energien frei.

Von vielleicht noch grösserer Bedeutung als persönliche Ressourcen der Frau oder die Wahl der Abwehrmittel sind die Tatumstände. Benutzte zum Beispiel der Täter eine Waffe (19 Fälle), so sah keine der auf diese Weise bedrohten Frauen eine Möglichkeit, mit Erfolg die Vergewaltigung zu verhindern. Hingegen steigen die Chancen für die Frau, wenn der Tatort öffentlich ist, die Tat sich tagsüber ereignet, der Mann unbekannt ist und die Frau alleine bedroht. Nachts, in privaten Räumen, mit einem bekannten oder vertrauten Täter ist die Frau ungleich mehr ausgeliefert.

Wenn die Frau die Vergewaltigung verhindern konnte, wäre anzunehmen, dass sie weniger oft unter seelischen Folgen zu leiden hat und sich weniger stark in ihrer Bewegungsfreiheit eingeschränkt fühlt. Beide Annahmen erweisen sich im vorliegenden Fall als falsch. Die Frauen begrenzten gleich häufig ihren sozialen Raum und gaben in gleichem Masse Gefühle wie Misstrauen, Niedergeschlagenheit oder Schuld an wie Frauen, die sich nicht mit Erfolg gegen den Angriff des Mannes wehren konnten. Allerdings nahmen die 25 Widerstand leistenden Frauen deutlich weniger therapeutische Hilfe in Anspruch. Ihre Verarbeitung ist direkter: Sie sprechen öfters mit Personen über die erfahrene Gewalt, und sie machen häufiger eine Anzeige bei der Polizei.

Schutzraum Ehe:
Stätte tolerierter Gewalt

»Vergewaltigung in der Ehe tötet die Seele, bis die Sparflamme erloschen ist, dann ist es Zeit zu gehen. Ich bin gegangen.« (50 J., getrennt)
»Ich habe Todesangst, wenn er nächstes Jahr pensioniert wird. Vielleicht lege ich mir mal einen Strick um den Hals.« (52 J., verheiratet)

Eheliche sexuelle Gewalt erscheint kaum in offiziellen Statistiken. Erst die Diskussion um Strafrechtsrevisionen in verschiedenen europäischen Ländern lenkte das öffentliche Interesse auf dieses Phänomen. Aus repräsentativen Umfragen in den USA, in der Bundesrepublik und in der Schweiz geht hervor, dass rund zwischen zehn und zwanzig Prozent der Bevölkerung Fälle ehelicher Vergewaltigung kennen [19].

Vergewaltigung in der Ehe ist Mitte 1989 noch in einigen europäischen Ländern ausdrücklich von Strafbarkeit ausgenommen (siehe Tabelle 2, S. 143), so auch in der Schweiz. Daher ist es nicht überraschend, dass die 49 Frauen, die in der Ehe sexuelle Gewalt erleben mussten, proportional weniger oft Anzeige bei der Polizei erstatteten.

Von den insgesamt 30 Anzeigen aller Anruferinnen stammen drei von Ehefrauen gegen ihre Ehemänner, alle drei führten zu keinen Verfahren, zwei der drei Frauen bezeichnen ihre Erfahrungen mit der Polizei als schlecht.

Bei fünf der 49 Ehefrauen handelt es sich um sexuelle Übergriffe, bei einer um Vergewaltigungsversuche, und 43 Ehefrauen wurden, meist über Jahre, von ihrem Ehemann vergewaltigt. Gewalttätige Ehemänner erinnern ihre Frauen gerne an deren Pflichten und an ihre eigenen Rechte. Manche wollen einfach, dass ihre Ehefrauen hinhalten, und diese fügen sich in ihr Schicksal.

»Das passiert einfach so. Ich stelle mir die Frage, weshalb die Sexualität den Männern so wichtig ist, woher sie sich das Recht nehmen (wird seit 32 Jahren in der Ehe vergewaltigt). Ich möchte die Ehe trotzdem aufrechterhalten, denn

84

das passiert in vielen Ehen. Nach aussen bin ich ein fröhlicher, selbstbewusster Mensch.« (57 J., verheiratet).

»Mein Mann fand, ich müsse ja nichts dazu beitragen, sondern nur hinhalten.« (63 J., geschieden)

»Mein Mann sagt, er braucht das, um schlafen zu können. Sexualität sei seine einzige Möglichkeit, mir nahezusein. Ich habe aber immer noch Hoffnung, dass vielleicht noch Einsicht kommt. Ich rede ja viel mit ihm. Aber ich habe das Gefühl, das sei krankhaft, er ist ja sehr depressiv.« (55 J., verheiratet)

Im Vergleich zu den nicht-ehelichen Gewalttaten riefen uns beim ehelichen Missbrauch mehr Frauen ohne gelernten Beruf an und keine aus der oberen Berufsgruppe (leitende Angestellte oder grössere Selbständigerwerbende). Ebenso verringerten sich mit steigender Bildung die Fälle von sexueller Gewalt innerhalb der Ehe. Altersmässig meldeten sich zur sexuellen Gewalt in der Ehe häufiger über 40jährige verheiratete und geschiedene Frauen.

18 der 49 Frauen waren zum Zeitpunkt des Gesprächs noch immer mit dem Täter verheiratet und wurden von diesem zumeist weiterhin sexuell ausgebeutet. In einem Fall hatte der Ehemann aus Einsicht, in einem andern aus Impotenz seine Attacken aufgegeben. Die andern 29 Frauen hatten sich scheiden lassen, waren verwitwet und in zwei Fällen wieder verheiratet.

»In unserer Ehe hiess die Regel: dreimal pro Woche. Mittwoch war fest, sonst konnte ich frei wählen. Freitag, Samstag oder Sonntag. Ein normaler Mann braucht das, sagte mein Mann. Ich hatte keine Möglichkeit zu sagen, ich will das nicht. Ich brauchte zeitweise Valium, ich hätte ihn sonst angespuckt, ihm das Gesicht zerkratzt. Später habe ich mich total von meinem Körper gelöst. Mit der Zeit habe ich überhaupt nichts mehr empfunden während des Verkehrs. Ich habe mir in dieser Zeit überlegt, wie ich meinen Pulli stricken will oder habe in Gedanken Muster aufgelegt auf einen Stoff. Vor drei Jahren habe ich mich scheiden lassen.« (38 J., geschieden)

»Es fing damit an, dass mein Mann und ich mitbekommen haben, dass unsere Nachbarin im Nebenhaus von ihrem Mann vergewaltigt wurde. Das nächste Mal, als mein eigener Mann mit mir schlafen wollte, wollte ich nicht, da ich ständig an die Vergewaltigung denken musste. Er meinte, ich solle nicht so blöd tun. Er reagierte sehr heftig und zwang mich. In den Zeiten, wo es mir nicht so gut geht, habe ich kein Recht, mich zu verweigern. Neuerdings sagt er

immer wieder, es sei meine Pflicht. Wofür habe ich denn eine Frau? Letzthin bei einem Streit sagte er, er zahle es mir nachher zurück, darauf weinte die kleine Tochter und sagte: Ja, ich weiss, mit dem Pimmel.(. . .) Als ich einmal abends ausging und heimkam, sagte er: Jetzt kann ich dafür noch etwas von dir haben.« (35 J., verheiratet)

Im Falle ehelicher Vergewaltigung nehmen die Frauen deutlich häufiger an, dass ihre Ehemänner aus Gründen der Kontrolle und des Machtverlangens sexuell gewalttätig wurden. Sobald die Frauen das sexuelle Ritual nicht mehr pflichtgemäss mitspielen wollten, sobald der Ehemann merkte, dass seine Frau ihm den Gehorsam kündigte, wollte er mit Gewalt die alten Verhältnisse wieder herstellen. Zunächst äusserte sich der Druck in verbalen Drohungen, moralischen Appellen, psychischem Terror. Wenn diese Mittel keinen Erfolg brachten, nahmen Ehemänner rohe Kraft zu Hilfe, um den Willen der Frau zu brechen. Kaum eine der betroffenen Ehefrauen glaubt, ihr Mann habe aus sexueller Not gehandelt.

»Als ich mich ablösen wollte (nach 13 Jahren Ehe), die Demütigungen nicht mehr erduldete und mich verweigerte, fing er an, mich zu vergewaltigen. Um sich seine Macht zu beweisen, sagte er, es sei sein Recht, da ich mit ihm verheiratet sei, da ich gesetzlich ja gesagt habe zu ihm. Es sei meine Pflicht.« (43 J., geschieden)

»Als ich mich weigerte, mit ihm zu schlafen, hat er sich umgedreht und mir den Kopf gemacht, und das war dann zwei Tage lang eine wahnsinnige psychische Belastung. Irgendwie konnte ich quasi wählen, entweder redet er zwei Tage nicht mit mir oder ich muss das eben erdulden.(. . .) Nach einer Geburt hatte ich Angst vor dem Geschlechtsverkehr. Es machte weh, er fand, das sei halt so. Sein Unverständnis schockte mich, und da fing ich an, einfach hinzuhalten. Es halt für ihn zu machen, da er ein Recht darauf hat, in der Hoffnung, es sei bald vorbei.« (29 J., verheiratet)

Die massive Gewalt und die Diagnose der männlichen Motive führen bei den Ehefrauen in erhöhtem Masse zu Gefühlen der Erniedrigung. Nicht Schreck, Schuld oder Hilflosigkeit ist die dominierende Emotion, sondern die Demütigung. Dieses Gefühl lähmte die Abwehrkräfte der Ehefrauen. Kaum eine versuchte während des Gewaltaktes zu fliehen oder um Hilfe zu schreien. Wer würde ihnen schon glauben oder ihnen beistehen? Sie verfielen auf eine wenig wirksame

Verteidigungsstrategie: Sie baten den Ehemann um Schonung, um Rücksicht, um Einsehen. Gerade diese Unterwürfigkeit erhöht aber das Machtgefühl des Mannes, wie aus den Interviews mit gewaltausübenden Männern entnommen werden kann. Meist duldeten die Ehefrauen die Gewalt ihrer Männer und hofften, sie gehe rasch vorüber.

»Er benützte auch die Kinder, lärmte, bis sie erwachten, so dass ich schliesslich stillhielt, damit die Kinder nicht allzuviel mitbekamen.(. . .) Ich habe mir oft gewünscht, Nachbarn, Aussenstehende hätten eingegriffen, wären vorbeigekommen, damit die reine Präsenz, das Auftauchen von anderen mir geholfen hätte. (43 J., geschieden)

»Ich war 24 Jahre verheiratet, ich hielt es nicht mehr aus und habe mich wegen der vielen sexuellen Gewalt scheiden lassen.(. . .) Ich stand manchmal da und dachte, bin ich eigentlich ein Tier. Ich konnte gar nicht mehr über mich verfügen, auch nicht über meinen Körper, über meine Gedanken. Ich bin da für den Mann, für die Familie, ich bin einfach niemand mehr, nur noch ein Werkzeug.« (72 J., geschieden)

Für die Ehefrauen sind die Gewalttaten systematische Zerstörungsakte. 20 der 49 von ihnen bezeichnen die erlittene sexuelle Gewalt als Verbrechen. Die Ehefrauen erkannten oft erst nach Jahren, welchen Charakter die Sexualität ihres Mannes eigentlich hat(te). Das Eingestehen der Gewalt kommt dem Versagen der Beziehung gleich, es ist identisch mit dem Ende des partnerschaftlichen Traumes. Manche Frauen scheuen vor dieser Erkenntnis zurück, auch weil sie sich nicht aus der finanziellen und sozialen Sicherheit der Ehe und Familie lösen können. Sie wollen das Risiko einer Krise, einer Trennung nicht eingehen, wollen den Status der geschiedenen Frau nicht annehmen. Solange es ihnen gelingt, den ehelichen Alltag zu verdrängen, wollen sie nicht tauschen mit dem Los der alleinstehenden, arbeitsuchenden Frau mit Kindern. Angesichts solcher Alternativen verharren sie in der Ehe und erdulden die sexuelle Gewalt.

»Dass ich in der Ehe vergewaltigt wurde, nein, aber dass ich nicht gefragt wurde, ja. Nein sagen hätte nichts genutzt, es gab einfach keinen Weg, um nein zu sagen. Dann wäre ich vielleicht geschlagen worden.« (55 J., verwitwet)

»Nach der Scheidung habe ich realisiert, dass schon während der Verlobung

einiges geschehen ist, wo ich hätte merken müssen, was auf mich zukommt.
Ich wollte es damals nicht wahrhaben.« (41 J., verheiratet)

Schuld an der männlichen Gewalt empfinden sie nur in seltenen Fällen, die Verantwortung trägt für sie der Mann, die Institution Ehe, die Gesellschaft.

Eheliche Vergewaltigungsopfer erlitten mehr körperliche Schäden als nicht-eheliche, nicht verwunderlich, da sie oft über Jahre chronisch missbraucht wurden. Demzufolge mussten sie auch mehr ärztliche Hilfe in Anspruch nehmen.

(Nachdem die Frau von mehreren Übergriffen von Fremden erzählt hat, die sie erfolgreich abwehrte, erzählt sie zum Schluss des Telefongesprächs von einer ehelichen Vergewaltigung.) »Mein Ehemann wollte unbedingt mit mir schlafen, obwohl es mir wegen einer Operation verboten war. Ich hatte dann lange grosse Schmerzen.« (60 J., geschieden)

Die immer wiederkehrenden Erniedrigungen führten häufiger zu Depressionen, und die in der Ehe ausgebeuteten Frauen gingen deshalb vermehrt in psychiatrische oder psychologische Behandlung. Durch die Erfahrungen mit ihrem Lebenspartner verloren die Frauen das Vertrauen in Beziehungen zu Männern überhaupt. Sexuelle Gewalt in Partnerbeziehungen hinterlässt lebenslange Narben, die immer wieder aufzubrechen drohen, sobald die betroffene Frau sich in ein Verhältnis mit einem Mann einlässt. Das Vertrauen, das sie einst in ihren Ehemann hatte und welches dieser rücksichtslos missbrauchte, wird sie in der gleichen Art nicht mehr verspüren.

»Das schlimmste ist, ich habe das Vertrauen in andere verloren (nach jahrelanger sexueller Gewalt in der Ehe). Seit der Scheidung (vor 31 Jahren) schleppe ich diese Angst mit mir herum, dass mir wieder dasselbe passiert. Dieses Gefühl verunmöglichte mir jede weitere Beziehung mit einem Mann. Wenn ich jemanden kennenlernte, hatte ich diese bittere Angst, der will mit mir ins Bett und verlangt dasselbe. Man darf sich ja, wenn man verheiratet ist, einem Mann nicht verweigern.« (64 J., geschieden)

Durch die gesetzlose Situation sehen sie auch den Staat in einem negativeren Licht. Er schützt sie nicht vor der Willkür des Ehemanns, sondern ist Garant des rechtsfreien Raumes. Rat und Unterstützung suchten die betroffenen Ehefrauen bei öffentlichen oder privaten, sozial tätigen Ämtern. Sie machten aber auch dort überwiegend negative Erfahrungen.

»Drei Jahre vor der Scheidung sagte mir der Friedensrichter: Ja, gute Frau, Sie haben geheiratet, das ist halt so.« (72 J., geschieden)

Positive Veränderungen innerhalb der Ehe, etwa mit paartherapeutischen Interventionen, vermochte nur eine Ehefrau zu erzielen. Alle andern Versuche scheiterten, das Verhalten des Ehemannes zu ändern. Mehr als die Hälfte der 49 Frauen wählte den letzten Ausweg: die Trennung und Scheidung vom Ehemann. Erst danach fühlten sich die Frauen wieder befreiter von der alltäglichen Gewalt.

IV

»Dass ich irgendwie ein Mann bin praktisch«

Sichtweise und Erfahrungen verurteilter Männer

Weshalb nur verhältnismässig wenige Frauen bereit sind, die erlittene Gewalt anzuzeigen und weshalb die allermeisten gewaltausübenden Männer diese ihre Gewalt bagatellisieren, nicht als solche identifizieren oder einfach abstreiten, wurde in den ersten beiden Teilen aufzuzeigen versucht. Bei einer mittleren Dunkelziffer von 10 (auf eine Anzeige 10 Verbrechen) werden von 100 Tätern fünf gefasst und zwei davon verurteilt. Das fast schon perfekte Verbrechen zahlt sich nur für die allerwenigsten nicht aus. Diese Minderheits-Männer sind die Vorzeigefälle der Justiz, der Stoff sensationsorientierter Medien und die Weisswäscher vieler männlicher Westen und Gewissen. Eine Gesellschaft, die sexuelle Gewalt vermarktet, propagiert und teilweise toleriert, braucht ihre Sündenböcke. Wenn diese Männer so ungeschickt waren, sich erwischen zu lassen, und es ihnen auch nicht gelang, wieder unbescholten freizukommen, trifft sie der Arm des Gesetzes und der öffentlichen Moral in aller Regel doppelt schwer. Aus ihnen werden allzu schnell Kranke, Abnorme, Aussätzige. Nicht nur ihre weitere und nähere Umgebung, sondern auch sie selbst wollen, ob geständig oder nicht, mit der Gruppe der »Notzüchtler« nichts zu tun haben. Sie grenzen sich von sich selbst ab.

Dieses Kapitel gibt Auskunft über die Wahrnehmung und Bewertung von Gewaltakten aus der Sicht überführter Männer. Das Quellenmaterial besteht aus ausgiebigen Interviews mit 13 verurteilten und inhaftierten Notzuchttätern über ihre Tatmotive, ihre Gewaltstrategien, über die Art und Weise ihrer Reflexion, über ihre Befindlichkeit und ihre Zukunftsaussichten. Im besonderen soll die Theorie der Selbstdarstellung Licht auf die Verarbeitung der Gewalt werfen. Einzelfallanalysen sind nicht beabsichtigt. Es wird versucht, Faktoren herauszuschälen, die den Blick freigeben auf Fragen und Antworten der Prävention und Therapie von Gewalthandlungen und deren Akteure.

Das Durchschnittsalter der befragten Personen betrug rund 33 Jahre mit einer Spannweite von 24 bis 44 Jahre. Neun der 13 Männer sind Schweizer. Die sozio-ökonomische Herkunft der Befragten entspricht derjenigen anderer Täterstudien: keine Männer aus einer Oberschichtfamilie, fünf aus Mittelschicht-Verhältnissen, die restlichen acht zählen zur Unterschicht. Sechs der 13 Männer wuchsen mit beiden Elternteilen auf, drei mit einem Elternteil, und vier erlebten ihre Kindheit in Heimen. Acht Männer gaben an, als Kind teilweise massiv geschlagen worden zu sein. Von den 13 Delinquenten stammen acht aus ländlichen und fünf aus städtischen Verhältnissen. Keiner der Befragten besuchte ein Gymnasium. Nach der Schulzeit liessen sich sechs von ihnen zum Facharbeiter oder unteren Angestellten ausbilden, die andern sieben sind an- oder ungelernte Arbeiter. Kurz vor der Tat waren noch vier in ihrem gelernten Beruf tätig.

Die finanzielle Situation war vor der Tat bei vier der 13 Befragten in grossem Masse mit Schulden belastet. Alle andern bezeichneten ihre monetäre Situation als gesichert. Mit illegalen Drogen waren drei der 13 zur Zeit des Tatgeschehens in Berührung, acht weitere sprachen häufig dem Alkohol zu. Zehn der 13 Interviewten sind ledige Männer, zwei sind verheiratet, einer geschieden. Die Hälfte der ledigen Männer stand vor der Tat in einer Dauerbeziehung mit einer Partnerin. Zehn der Täter haben keine Kinder. Nur einer der Männer bezeichnete sein soziales Netz als gut, fünf von ihnen empfinden ihren Freundeskreis als unbefriedigend. Die Erfahrungen der Delinquenten mit Frauen in Beziehungen werden als eher zwiespältig angegeben.

»Ich hatte von früh her wahnsinnig Mühe, mit Frauen umzugehen, Beziehungen einzugehen. Ich hatte nie eine Freundin, und da kam mir ab und zu zu Ohren, ich sei schwul. Ich bekam den Eindruck, dass irgend etwas mit mir nicht ganz stimmt.«

»Ich hatte keine Ahnung im Umgang mit Frauen. Ich hatte Komplexe und Hemmungen, sie nur schon anzusprechen. Was soll man abends in der Freizeit machen, wenn man es nie gelernt hat.«

Nur vier von ihnen haben gute Erfahrungen in Beziehungen mit Frauen gemacht. Dennoch erlebten sieben der dreizehn die Sexualität überwiegend positiv.

Die dreizehn Inhaftierten waren alle schon vorbestraft, fünf von ihnen wegen Notzucht, die restlichen acht wegen anderer Delikte. Die Vorstrafen können insofern nicht erstaunen, weil im schweizerischen Strafrecht seit 1971 die Möglichkeit besteht, bei Strafen bis zu 18 Monaten den bedingten Vollzug anzuordnen, ausgenommen die Fälle, in denen der Täter bereits eine Strafe von mehr als drei Monaten verbüsst hat. Männer, die wegen Notzucht (Art. 187) in einer Strafanstalt sitzen, sind daher entweder schon früher im Vollzug gewesen oder haben eine Notzucht begangen, die in hohem Masse lebens- und/oder sachgefährdend war (d. h. auch meist andere Delikte einschloss).

Die berichteten Tatumstände bestätigen, dass Vergewaltigungen überwiegend zwischen bekannten Personen geschehen. Nur in vier Fällen waren sich Opfer und Täter nicht bekannt, zweimal handelte es sich gar um ein vertrautes Beziehungsverhältnis.

In fünf Fällen wählten die Männer einen öffentlichen Tatort, Autos wurden als öffentlicher Ort klassifiziert. Bei den andern acht Delikten fand der Gewaltakt in privaten Räumen statt, Wohnungen, geschlossene Büros. Vergewaltigung war in dieser Stichprobe ein Verbrechen der Dunkelheit, vor allem zwischen Mitternacht und den frühen Morgenstunden. Nur in drei Fällen überfiel der Mann die Frau zur Tageszeit. Zehn Täter agierten im Alleingang, drei hatten einen Mittäter zur Seite.

Vergewaltigungen werden häufig als Affekthandlungen angesehen, als Situationen, in denen der Täter plötzlich die Kontrolle über sich verliert. Nur in vier der 13 Fälle kann von einer solchen ungeplanten Tat ausgegangen werden. Die restlichen neun Männer planten das Delikt im voraus. Zehn Männer wandten massive physische Gewalt an, die sie mit verbalen Drohungen unterstrichen, die restlichen drei Delinquenten begnügten sich mit wenig bis mittlerer physischer Gewalt. Nur in einem Fall wurde zusätzlich von einer Waffe Gebrauch gemacht.

Die Frauen setzten dieser Gewalt in elf Fällen heftigen Widerstand entgegen. Vier von diesen elf Frauen gelang es mittels Flucht, physischer Gewalt oder verbalen Argumenten, sich der Vergewaltigung zu entziehen.

»Die Frau hat sich dann, was ich eigentlich nicht erwartet hatte, sofort wahnsinnig gewehrt. Ich hatte alle Mühe, sie am Boden zu behalten. Sie hat auch geschrien und sich einen Moment sogar losreissen können. Ich habe sie wahnsinnig gewürgt und auf den Kopf geschlagen. Ich wollte sie unter allen Umständen zum Schweigen bringen, weil ich ja damit rechnen musste, dass je-

mand vorbeikommt und es merkt. Das ist mir dann einfach nicht gelungen. Dann habe ich gemerkt, wie meine sexuelle Gier wegen dieser Umstände nachlässt. Es hat mir richtig abgelöscht. Und dann fing sie noch an zu beten. Dann war bei mir endgültig fertig.«

»Weil sie ruhig geblieben ist, habe ich sie nicht vergewaltigt. Sie versuchte mir deutlich zu machen, dass ich eine Dummheit begehe. Sie hat nicht geschrien, war nicht hysterisch, das hat mich beruhigt.«

In sechs Fällen dauerte die Tat weniger als 30 Minuten, in vier zwischen 30 Minuten und einer Stunde und in drei Fällen mehr als eine Stunde. Die drei Männer, die deutlich mehr als eine Stunde die Frauen ihren Attacken aussetzten, bestritten die Vergewaltigungen. Ein weiterer Mann bekannte sich nur zum Teil zum Tatgeschehen. Die restlichen neun gestanden die Notzuchtsdelikte, auch wenn sie sich teilweise nicht mehr genau erinnern wollten oder konnten (Tat lange zurück, Alkohol).

Mit Gewalt zum Ziel:
Frauen als Lösungshilfen

Welches sind die Motive, die Männer dazu bringen, Frauen mit Gewalt zu sexuellen Handlungen zu zwingen? Aufgrund von Untersuchungen mit inhaftierten Männern werden die Motive von Vergewaltigern oft in drei Kategorien eingeteilt: Die überwiegende Mehrzahl der Männer (70 Prozent) handle aus Machtverlangen. Ein weiteres Viertel agiere aus Wut, und die restlichen fünf Prozent folge sadistischen Motiven [20]. Diese klare Trennung in drei Motivmuster ist bei den von uns befragten Männern zum Teil möglich.

Vier der 13 Männer handelten überwiegend aus dem Bedürfnis, Macht über die Frau zu erlangen. Wichtig für diese Männer war der Reiz, dieses Machtgefühl an einer lebendigen Person zu erleben. Die Männer trugen dieses Motiv längere Zeit als Phantasie mit sich herum, die sie bei günstiger Gelegenheit in die Realität umzusetzen gewillt waren.

»Es hat mich wahnsinnig gereizt, einmal eine Frau zu überfallen, zu vergewaltigen. Es war eine Neugier dabei, wie läuft das ab, wenn man versucht, eine Frau zu vergewaltigen. Das habe ich jahrelang mit mir herumgetragen.«

Hinter diesem Bedürfnis nach Dominanzerleben stehen in aller Regel tiefsitzende Gefühle der Unsicherheit und Unzulänglichkeit, die sich im Zusammensein mit Frauen besonders akzentuieren. Geltende Männlichkeitsnormen schreiben einen problemlosen und souveränen Umgang mit dem andern Geschlecht vor. Die eigenen Möglichkeiten und die persönlichen Erfahrungen werden diesen Ansprüchen oft nicht gerecht.

»In Freundschaften mit Frauen erlebte ich Ohnmachtsgefühle. Diese Gefühle waren dieselben, die ich als Kind hatte, wenn man mich im Keller einsperrte und ich in der Ohnmacht Gläser zusammenschlug.«
»Das Erschrecken der Frauen hat auf mich eine Wirkung, ich bin dann ganz anders. Es ging mir nicht um Sex, sondern darum, diese Frau zu ernied-

rigen. Dieses Erzwingen löst bei mir etwas aus – dass ich irgendwie ein Mann bin praktisch.«

Solche Männer fühlen sich minderwertig. Zum Ausgleich brauchen sie Dominanzerlebnisse. Überlegen fühlen sie sich gegenüber Schwächeren. Die herrschende gesellschaftliche Ordnung verweist in der Regel Frauen (und Kinder und Alte) in untergeordnete Positionen – trotz Gleichheitspostulaten. So kann es nicht erstaunen, dass Männer Frauen auswählen, um sich Machterfahrungen zu verschaffen. Der Mann glaubt sich im Recht und normengetreu, bei der Frau das zu holen, was ihm angeblich zusteht.

Die Lust an der Macht zeigt sich in der Freude am Erschrecken der Frau. Der Täter löst durch sein Verhalten eine mehr oder weniger lang dauernde Lähmung der Frau aus, und gerade daran baut sich sein Selbst auf. Wenn er in der Lage ist, einen anderen Menschen auf eine solche Art in Schrecken zu versetzen, dann muss doch etwas an ihm dran sein.

Männlichkeit definiert sich, wenn auch zunehmend verhüllt, durch sexuelle Potenz. Folgerichtig erfolgt der Übergriff auf den Intimbereich der Frau. Der Täter zielt mittels der angedrohten oder vollzogenen Penetration auf die grösstmögliche Erniedrigung und Verletzung der Frau. Dabei tritt die selbstbezogene männliche Sexualität, und nur von einer solchen kann, wenn überhaupt, gesprochen werden, völlig in den Hintergrund. Das Vollziehen der Vergewaltigung erschöpft sich häufig bereits vor dem Samenerguss, da das Ziel des Mannes, hier das Machterlebnis, bereits erreicht wurde. Die durch die Ejakulation befürchtete Erschlaffung produziert häufig einen vorzeitigen Abbruch oder gar Impotenz. Die Dauer der Tat hängt davon ab, wie lange der Spannungsbogen Macht aufrechterhalten werden kann, im Falle der zu dieser Kategorie gehörenden vier Männer nicht mehr als eine Stunde.

Anders präsentiert sich die Situation, wenn zusätzlich zu diesem Machtverlangen noch ein starker Impuls der Wut, der Rache oder der Frustration in die Motivstrukturen des Täters hineinspielt. Im Unterschied zu der vorherigen Gruppe bekennen sich diese fünf Männer durchaus zu ihrer unglücklichen und unbefriedigenden Existenz. Allerdings suchen sie die Gründe dafür nicht bei sich selbst, sondern sie schreiben die Misslichkeit ihrer persönlichen und sozialen Lage den Umweltbedingungen zu. Die Eltern, die Heime, die Ausbildung, der

Freundeskreis, die Justizbehörden, alle sie tragen die Verantwortung. Ihre lebenslangen Demütigungen und Ohnmachtsgefühle stauten sich in ihnen an bis zum Punkt, an dem sie zu platzen glaubten, oder pragmatischer, an dem sie die Möglichkeit einer Vergewaltigung sahen, planten und nutzten.

»Bis dannzumal habe ich alles ›verreckte siech‹ in mich hineingefressen. Aber einmal ist das Mass voll. Der Krug geht zum Brunnen, bis er bricht.«
»Weil ich mich ungerecht behandelt fühlte, entstanden in mir wahnsinnige Rachegefühle. Nacht für Nacht habe ich diese gewälzt. Dann passierten diese Delikte.«

Die Alltagsrealität lastet schwer auf ihnen. Mit legalen Mitteln sehen sie keine Möglichkeit, die Bürde loszuwerden. Ein sozialer Aufstieg, der ihnen zu Ansehen und damit zu einer Entschädigung für ein verpfuschtes Leben verholfen hätte, scheint ihnen verwehrt. Die Aussichtslosigkeit vergrössert den Zorn auf die Institutionen der Macht.

»Ich wollte den Frust aus meiner Jugend, aus meinen Erlebnissen, aus meiner Strafzeit weitergeben. Diese Demütigungen wollte ich weghaben, indem ich jemand anders demütigte.«
»Es gibt viele Leute, die eine Vergewaltigung machen, nicht aus dem Grunde, weil ihnen die Person gefällt oder weil sie es gerade nötig haben, sondern um irgendwie eine Depression loszuwerden. Bei mir ist es genauso passiert. Ich fühlte mich verstossen und wollte mich irgendwie rächen.«

In den Augen dieser Täter sind Frauen die geeigneten Zielscheiben. Ob die Frauen schuld sind an den Schicksalen der Männer, ist unwesentlich, es genügt, dass sie die perfekten Ersatzobjekte für schlagende Väter und Mütter, die idealen Projektionsflächen für Heimleiter, Arbeitgeber und Gerichtsherren sind. Um aus den Frauen Sündenböcke zu machen, müssen die Männer sie beschimpfen, schlagen, beschmutzen. Auch unmittelbare Frustrationen können Anlass zur Tat geben.

»Eine andere Frau wollte nicht mit mir schlafen, da war ich so sauer, ich hätte geradesogut eine Post überfallen oder einen Einbruch machen können.«

Das Äussere der Frau spielt eine geringe Rolle. Es ist nicht entscheidend, ob sie jung oder hübsch ist, ob sie einen Rock oder Hosen trägt.

Es reicht, dass sie eine Frau ist. Die soziale Kategorie »weiblich« ist Anreiz und Legitimation für gewalttätiges Verhalten.

»Es war kein spezifischer Typ Frau, das ging von 18- bis 50jährigen. Die Auswahl war rein zufällig.«
»Sie war derart unappetitlich, ich würde nie mit so einer schlafen. Meine eigene Frau ist viel attraktiver. Die andere war eine alte Hure.«

Da der Angriff auf die Frau zu einem Teil affektgesteuert ist und Emotionen auf hohem Niveau schnell verbrennen, sind diese Attacken eher von kurzer Dauer.

Noch einmal anders verläuft die Tat, wenn zum Motiv der Machtausübung oder der Wut (Frustdelegation) sadistische Motive dazukommen. Damit gemeint sind Situationen, in denen der Mann Lust an der körperlichen Gewaltanwendung, am Schmerz der Frau gewinnt. Je nach Gegenwehr des Opfers oder je nachdem, ob der Mann bei seiner Tat durch unvorhersehbare Ereignisse gestört wird, kann das Ritual, und darum handelt es sich häufig, längere Zeit dauern. Alle vier Männer, bei denen diese Motivkombination zutraf, wandten besonders viel körperliche Gewalt an. Diese Männer waren es auch, die am ehesten das Motiv der sexuellen Lust zu Protokoll gaben. Ziel ihrer Vergewaltigung ist neben Macht oder Rache auch das Erleben pervertierter autoerotischer Sexualität.

»Als ich sie gefesselt und geknebelt hatte und sie dann betrachtete, verspürte ich sexuelle Lust.«
»Ich wollte sie eigentlich nur bestrafen, weil sie sich mir verweigerte. Als ich aber auf sie einschlug, merkte ich, wie ich sexuell erregt wurde. Dann habe ich trotzdem noch mit ihr geschlafen.«

Die drei Motivgruppen decken nicht das gesamte Spektrum ab. Beispielsweise spielten vereinzelt auch Motive wie »Gruppennorm« oder »Abenteuerlust« eine Rolle. Trotzdem scheinen mit den drei besprochenen Motivbündeln die wesentlichen Faktoren genannt zu sein. Diese Ursachen liegen offensichtlich nicht nur in der individuellen Persönlichkeitsstruktur des Täters und können daher auch nicht alleine ihm zugelastet werden. Die gesellschaftlichen Implikationen sollen vorerst aber zurückgestellt und erst in den Schlussfolgerungen diskutiert werden.

Alle befragten Männer verfolgten mit ihrer Tat Ziele. Ausgehend von den zugrundeliegenden Motiven, lassen sich diese Ziele direkt ableiten, und es lässt sich auch die Frage beantworten, ob diese Ziele erreicht worden sind. Erwartungsgemäss sagt nur eine Minderheit der inhaftierten Männer, sie hätten ihr Ziel erreicht. Der grössere Anteil wies auf den nicht vollzogenen Geschlechtsakt (vorzeitiger Abbruch), auf die Gegenwehr der Frau und vor allem auf die Einsperrung in die Haftanstalt hin, die völlig konträr zu den Absichten des Mannes liege. Obwohl ein Mann ausdrücklich darauf hinwies, dass er durch seine Tat wieder in die Strafanstalt zurückwollte, kann davon ausgegangen werden, dass nur eine kleine Minderheit der Delinquenten vor der Tat ein ähnliches Bedürfnis verspürte. Ob das Ziel erfüllt wurde, muss aber vor allem danach beurteilt werden, ob das ursprüngliche Motiv befriedigt wurde. Wenn dieses beispielsweise »sadistische Aggression« hiess und der Mann sich an den Qualen der Frau ergötzte, hat sich die primäre Absicht erfüllt. Aus dieser Perspektive haben neun der 13 Männer ihr Handlungsziel ganz erreicht und vier teilweise. Die strafrechtliche Konsequenz beeinträchtigt in diesem Sinne das Belohnungserlebnis, hebt es aber nicht vollständig auf. Deshalb präsentiert sich auch für eine Mehrheit der Verurteilten die Kosten-Nutzen-Bilanz zumindest zu einem Teil positiv. Ob damit auch ein Grund für die hohe Rückfallquote gefunden ist, muss vorläufig dahingestellt bleiben.

Die Notwendigkeit eines neuen Selbstbildes

Vergewaltigung ist ein schweres Delikt. Ob diese Qualifizierung den Tätern bewusst ist oder nicht, es trifft sie im Falle einer Verurteilung nicht nur der Bannstrahl des Gesetzes, sondern auch der Moral. Vergewaltiger sind im geltenden Wertesystem besonders tief angesetzt. Sie werden stigmatisiert.

»Ich bin als Vergewaltiger gestempelt. Ich werde behandelt wie ein Vergewaltiger, und das behindert mich. In Zukunft bin ich total unglaubwürdig. Wenn ich zum Beispiel heirate, und die Frau behauptet, ich hätte sie geschlagen, dann habe ich keine Chance.«

Wie geht der verurteilte Mann mit der Tat und ihren Folgen um? Welche Wirkungen haben sie auf sein Selbst? Das Bild, welches der Mann von sich hat(te) und das er an andere Personen und Institutionen weitergeben möchte, wird mehr oder weniger heftig erschüttert. Er muss, und das tun wir natürlich alle von Zeit zu Zeit auch, sein Bild neu gestalten, er muss versuchen, die Tat in seine Selbstdarstellung einzubauen.

»Ich war nicht fähig anzunehmen, was ich gemacht hatte. Ich war nicht fähig, mich mit der Tat auseinanderzusetzen. Ich habe es immer fortgeschoben, das war ein anderer. Ich sagte mir, ich bin ja eine starke Persönlichkeit, mit mir passiert das nicht mehr, da muss man nicht mehr darüber reden.«
»Ich schäme mich zuzugeben, dass ich wegen Notzucht hier bin. Manchmal muss ich das sagen, aber ich möchte das nicht sagen.«
»Heute ist das für mich schwierig, damit zu leben, dass ich auch so einer bin.«

Die Integrationsleistung vollzieht sich auf mehreren Stufen [21]. Die Befragten wenden dabei verschiedene Strategien gleichzeitig an.
Stufe 1: Das stattgefundene Ereignis wird bestritten. Vier der 13 Täter sind nicht geständig. Sie betrachten ihre Verurteilungen als Fehlleistungen der Justiz.

»Ich bin ein Justizirrtum. Wer meine Geschichte liest, ist von meiner Un-schuld überzeugt.«

Stufe 2: Wird die Vergewaltigung nicht bestritten, so kann sie umge-deutet werden, so dass das Ereignis weniger schlimm erscheint.

»Prinzipiell hat die Frau Spass am Sex. Aber es war ihr wahrscheinlich pein-lich. Vielleicht wurde sie verletzt, aber sie bereut ganz sicher, dass ich jetzt im Gefängnis sitzen muss. Ich habe aus Spass mitgemacht, Böses wollte ich sicher nicht.«
   »Ich habe zuerst mit den Frauen gesprochen, so hatten sie Vertrauen, und nachher ein bisschen unter die Decke gegriffen. Das war ein Notzüchtchen-Versuch.«

Stufe 3: Der Täter hat die Möglichkeit, die Verantwortung für die Tat abzulehnen. Er kann sie zum Beispiel andern Personen zuweisen (Sündenbock-Strategie).

»Schuld ist das Elternhaus und die Beziehung zu meiner Freundin.«
   »Schuld war der Kollege, das passierte nur, weil er dabei war. Angefangen hat er. Ich habe Pech gehabt.«

Häufiger geschieht die Zurückweisung von Verantwortung durch eine Distanzierung von Vergewaltigern und Vergewaltigungen.

»Ich verabscheue eigentlich jegliche Vergewaltigungstäter. Für mich sind solche Leute tabu. Ich halte mich ihnen gegenüber zurück.«
   »Ich habe einen Hass auf diejenigen, die wirklich vergewaltigen, und mit denen ich auf die gleiche Stufe gestellt werde.«

Diese Distanzierung kann sowohl gegen fremde Vergewaltiger als auch gegen die eigene Person erfolgen. Im letzteren Falle spaltet der Mann den hässlichen Teil von sich selbst ab und betrachtet ihn gleich-sam erstaunt von aussen. Auf diese Art können geständige Täter von sich behaupten, sie hatten nie etwas mit Notzucht zu tun.

»Es war irgendwie so gewesen, als würde ich jemandem zuschauen. Es war so unwirklich das Ganze. Ich kam mir vor wie in einem Traum, wie ich so auf dieser Frau hockte und sie versuchte stillzulegen. Das Ganze war nicht mehr

real. Ich habe mich nicht verhalten wie mich selber, sondern wie ein Tier auf eine Art.«

»Ich bin kein Typ, der seine Frustrationen in sich hineinfrisst, sondern ich versuche, Konflikte immer auszutragen. Es hat sich auch nichts angestaut. Ich habe mich noch nie so kalt berechnend erlebt wie in dieser Situation.«

Stufe 4: Die Eigenverantwortung wird reduziert, indem Sachzwänge aufgezeigt werden, die nahelegten, dass die Tat erfolgen musste, notwendig war. Die Tat wird durch Umstände gerechtfertigt, die in der Person des Mannes oder der Frau oder in der gesellschaftlichen Situation liegen.

»Was Gewalt angeht, das ist gar nie an mir gelegen. Ich kann das gar nicht normalerweise. Aber ich habe soviel mitgemacht, habe so viele Jahre den Kopf hingehalten.«

Stufe 5: Die Männer versuchen, Rückschlüsse auf ihre Gesamtpersönlichkeit zu minimieren. Die Vergewaltigung geschah bloss aus Versehen, im Affekt oder – was fast immer genannt wurde – unter Alkoholeinfluss. Damit wird versucht, die Integrität der Person zu wahren. Im Normalfall sind sie nicht fähig zu solchen Taten. Im Normalfall sind sie anständige Bürger. Nur die besonderen, ausgefallenen Tatumstände liessen sie einmal entgleisen. Die Tat wird zur einmaligen, zufälligen Episode, mit der die Person sonst nichts zu tun hat.

»Meine Gefühle sind immer noch wie damals, bevor ich die Frau gekannt habe. Diese Frau ist ein Zwischenfall, der nicht einberechnet war, und viele Personen, die mich kennen, wissen das. Ich bin damals schon immer grosszügig gewesen und bin das immer noch.«

»Normalerweise muss ich den Geschlechtsverkehr nicht mit Gewalt machen, ich kenne die Frau ja, und wir haben es schon oft miteinander gemacht.«

»Ich habe nie verstehen können, dass ich so etwas angeblich getan habe. Ich habe nie Schwierigkeiten gehabt mit Frauen. Nie Schwierigkeiten. Ich weiss nicht, was da passiert ist.«

Stufe 6: Der Eindruck von Glaubwürdigkeit wird am ehesten hergestellt, wenn der Mann Reue zeigt. Der Mann ist einsichtig und bedauert das Vorgefallene. Er schämt sich gegenüber der attackierten Frau. Manchen läge viel daran, sie könnten der Frau die Gründe der Gewalt erklären.

»Nach der Tat hatte ich ein sehr ungutes Gefühl. Ich wollte das Ganze wiedergutmachen. Ich habe mich dann auch gestellt.«
»Die Frau hat mir wahnsinnig leid getan, als es vorbei war. Ich habe sie so bedauert, wie ich es nie gedacht hätte. Ich habe auch geweint in der Untersuchungshaft. Es ist mir klargeworden, dass ich so mit Frauen nicht umgehen kann, dass das kein Weg, keine Lösung ist.«

Parallel zu den verschiedenen Stufen der Selbstdarstellung versuchte eine Mehrheit der Befragten generell, die Frauen und die Untersuchungsbehörden und/oder deren Berichte abzuwerten.

»Ich musste in der Untersuchungshaft viele Gespräche führen. Wenn ich sagte, ich habe es mit Absicht gemacht, dann glaubten sie mir. Dann sind die Herren zufrieden. Aber sonst fragen sie immer dasselbe, und es nützt überhaupt nichts. Wenn ich gelogen habe, ging das Gespräch schneller.«
»Die Frau sagte, sie hätte Schulden. Sie war nicht registriert als Prostituierte, und daraus wurde gefolgert, ich hätte etwas erfunden. Später fand man heraus, dass ihr Wohnungsgeber ein Zuhälter war.«

Den Aussagen der anderen ist nicht zu glauben. Die Justizbehörden sind parteiisch, und die Frauen sind liederlich. Im Gegensatz dazu ist der Täter ein guter, den Mitmenschen wohlgesinnter Mensch. Diese Gegenüberstellung von unglaubwürdigen Beweisquellen und eigener hoher Moral haben wir in den Gesprächen mit den inhaftierten Männern häufig angetroffen.

»Ich habe an mir gearbeitet. Ich habe auch jetzt eine Frau kennengelernt, die mit mir spricht und mich aufklärt. Sie hat mir gesagt, so einen guten Mann wie du, da wäre manche Frau froh.«
»Ich war nie gewalttätig zu meinen Partnerinnen. Ein Haufen verheirateter Frauen wäre froh, wenn sie auf dieselbe Weise von ihrem Alten in die Arme genommen würden, wie ich es tat mit der Frau vom ersten Fall.«
»Zuerst habe ich mich verhalten wie ein wildes Tier und danach wie ein Samariter, kann man sagen. Und sie nicht einfach liegengelassen, ihrem Schicksal überlassen. Und ich wurde mir bewusst, dass ich die Konsequen-

zen, die hier entstehen, auf mich nehmen muss. Jetzt muss ich dazu ste-
hen.«

Eine kleine Minderheit der Männer sieht sich selbst und ihre Taten
ohne Beschönigung. Sie glauben, die Strafe verdient zu haben,
nachdem sie eine solch abstossende Tat begangen haben. Sie wurden durch die Tat aufgerüttelt, fühlen sich stark verunsichert und
wollen lernen, anders mit Frauen umzugehen. Sie wünschen sich,
mit der vergewaltigten Frau sprechen zu können, und sind felsenfest
davon überzeugt, nie mehr so etwas zu tun.

Die Mehrheit der inhaftierten Männer sieht rückblickend keine
Möglichkeiten, dass die von ihnen angegriffenen Frauen sich der
Attacken hätten erwehren können. Allgemein raten sie Frauen in
solchen Extremsituationen, mit den Tätern vernünftig und anständig zu reden. Die Frauen sollen freundlich versuchen, die Männer
von ihrem Unrecht zu überzeugen, ja gar ihn in seiner Männlichkeit
loben. Damit könnten die Männer beruhigt werden und würden
von ihrem Vorhaben absehen. Auf keinen Fall sollten sie schreien
oder hysterisch werden. Besser wäre es, den Mann zu dulden und
die Tat schnell über sich ergehen zu lassen. Nur zwei der 13 Befragten raten zur physischen Gegenwehr. Das Schwierige für die Frau
liege darin, dass die Gewalt von jedem Mann ausgehen könne, so
lieb er auch ausschaut.

Den Männern im allgemeinen empfehlen sie, um nicht in gleiche
Situationen zu geraten, sich bei auftretenden Problemen an Vertrau-
enspersonen oder Kollegen zu wenden. Oder dann sollen sie sich
selber befriedigen. Ein Befragter ist der Meinung, die Männer sollten dunkle Strassen meiden und lieber den Weg zu den Dirnen
antreten. Die befragten Männer glauben daran, nie mehr in eine
vergleichbare Lage zu kommen, sie wollen sich anders verhalten
und vor allem dem Alkohol abschwören. Zwei Männer wollen dem
Übel bei sich auf den Grund gehen, denn solange sie das »Warum«
nicht kennen, wüssten sie auch nicht, wie eine weitere Tat zu verhindern wäre.

Sündenböcke im Sühneverfahren

»Ich habe vor einem Regenwurm mehr Achtung als vor den Herren des Gerichts.«

Ein Mann kann geständig sein und sich unschuldig fühlen. Er gibt die sexuelle Gewalt zu und weist gleichzeitig die Verantwortung dafür zurück. Wir fragten die Delinquenten, wer an Vergewaltigungen die Schuld trage. Bloss zwei der Befragten sehen den Mann als Schuldigen. Drei weitere schieben die Schuld der Gesellschaft zu. Die übrigen acht sind davon überzeugt, dass die Hauptschuld die Frau treffe. Wenn eine Frau sich auf einen Mann einlässt, etwa mit ihm essen oder sogar zu ihm nach Hause geht, dann darf sie sich nicht wundern über das Verhalten des Mannes.

»Man sollte einmal herausfinden oder festlegen, wo Vergewaltigung beginnt. Das ist in meinem Fall sehr wichtig. Denn ich finde, Vergewaltigung beginnt nicht dort, wo ein Mann einer Frau Gewalt antut oder sie zum Beischlaf zwingt. Primär ist, wie es dazu kommt. Ob eine Frau sich schon von Anfang an dagegen sträubt oder ob sie am Anfang einverstanden ist und die Verweigerung erst später kommt. Wenn eine Frau mit einem Mann mitgeht, gibt es keine Vergewaltigung mehr. Eine fremde Frau wird ja nicht mit einem Mann in seine Wohnung gehen, nur weil der sagt, ich zeige dir meine Fotosammlung. Wenn ich eine Zufallsbekannte frage, gehen wir noch zu mir, und ich küsse sie schon vorher, dann ist die Frau irgendwie bereit dazu, so ist das keine Vergewaltigung mehr.«

»Das liegt schon vor allem an ihr. Heute wie sie angezogen sind, das sieht man doch manchmal beim Aktenzeichen XY von dieser ›huere‹ Disco. Von dort kommt viel. Da tanzt er vielleicht mit einer 17jährigen, sie mit einem ›Blüsli‹ und einem BH und einem ›Minijüpli‹ von einigen Zentimetern. Da geht er vielleicht heim mit ihr und will etwas von ihr. Da lässt sie ihn vielleicht zu weit gehen, und dann will sie doch nichts. Und dann ist er gereizt wie ein ›Siech‹, und dann passiert es. Vielleicht kann er dann doch noch sein Geschäft machen. Wenn sie schreit, dann denkt er nur noch ans Töten, sonst zeigt sie ihn an.«

Wenn die Mehrzahl der Täter der Meinung ist, nicht sie treffe letztlich die Hauptschuld am Gewaltakt, dann stellt sich die Frage, wie aus einer solchen Perspektive die Justizbehörden und Strafanstalten erlebt und bewertet werden. Über diese Themen wurde von den Männern quantitativ am meisten berichtet. Die Befragten zeigten dabei teilweise hohe emotionale Erregung.

Mit den Untersuchungsinstanzen (Polizei, Staatsanwaltschaft, Gericht) wurden von der überwiegenden Zahl der Männer negative Erfahrungen gemacht. Zehn der 13 Befragten berichten von Enttäuschungen, Schikanen und Demütigungen. Da sie der Gewalttat nicht so grosse Bedeutung beimessen, ist es für sie unverständlich, warum sie von der Polizei und vom Untersuchungsrichter wie Schwerverbrecher behandelt wurden. Ebenso scheint es ihnen, dass die Regel »im Zweifel für den Angeklagten« bei ihnen nicht angewandt wurde. Das Gericht habe ihnen kaum eine Chance zur berichtigenden Darstellung gegeben, sondern sei voreingenommen gewesen.

»Es wurde mir nichts gesagt. Ich wurde einfach in die Untersuchungshaft gebracht. Isolierung. Ich konnte mit niemandem reden. 30, 40 Tage, vier Monate, ein halbes Jahr. Ich hatte Panik. Ich habe immer die gleiche Aussage gemacht. Der Staatsanwalt drängte mich dazu, etwas zu sagen. Jeden Morgen musste ich sie unterhalten. Sie nötigten mich zu vier oder fünf verschiedenen Fassungen. Dann drohten sie mir mit der Psychiatrie, mit Spritzen, sie drohten damit, meinen Penis zu dämpfen, wenn ich nicht alles zugebe. Also unterschrieb ich meine Aussagen, zwei Monate später bekam ich es völlig anders geschrieben zurück.«

»Obwohl ich freiwillig zum Gerichtstermin auf die Polizei ging, haben die mich mit Handschellen zum Bahnhof geführt. Ich sagte, ich sei ja nicht wegen Mord da, sondern wegen Notzucht. Das hat nichts geändert. Es hatte so viele Leute im Bahnhof. Das war schlimmer, als hier in der Haft zu sitzen. Das hat mich kaputtgemacht.«

Der Zorn der Männer ist nachvollziehbar. Durch die Justizbehörden wird der Mann verhaftet, verhört, eingesperrt und verurteilt. Sie führen ihn vom Status des freien Mannes in denjenigen des entmündigten Häftlings über. Die Polizei und die Gerichtsbarkeit sind stellvertretend für das Sühneprinzip des Staates, die Wut des Überführten entlädt sich an ihnen. Die Gerichtsbarkeit hat es in der Hand, schuldig oder nicht schuldig zu sprechen. Ist der Urteilsspruch gefällt, wird dieses Kapitel für den Mann geschlossen, und er begibt sich in den Strafvollzug.

Die Strafanstalt hat eine andere Funktion. Sie führt nur aus, was beschlossene Sache ist. Sie trifft keine Schuld am Urteil. Nach den Belastungen durch Untersuchungshaft, langes Warten auf den Prozess, die Verhandlung selber herrscht in der Strafanstalt wieder Ruhe und Ordnung. Der Mann kann durch Gehorsam und Fleiss Bonuspunkte für ein neues Selbstbild gewinnen. Er hat Zeit, die Vergangenheit abzuschliessen und sich mit einer mehr oder weniger fernen Zukunft zu beschäftigen. Die Hälfte der Verurteilten erlebt aus solchen Gründen die Haftzeit positiv.

»Ich glaube, das hat mir gutgetan. Es tönt etwas blöd, aber es ist doch eine grosse Erfahrung für die Zukunft. Man hat viel Zeit zum Überlegen.«
»Hier habe ich nicht so viele Probleme im Kopf. Hier habe ich zu Essen und alles, was ich brauche. Ich kann gut lernen und erfahre viel mehr als draussen.«

Knapp die andere Hälfte der Männer sieht die Strafzeit in einem düsteren Licht. Sie finden keine Ruhe und keinen Sinn im Eingesperrtsein. Sie können sich nicht damit abfinden, hinter verschlossenen Türen Jahre ihres Lebens verbringen zu müssen. Fühlen sie sich unschuldig, ist die Haft um so schwieriger. Falls sie persönliche Probleme erkannt haben, ist es für sie unbegreiflich, warum sie keine Chance zur Veränderung erhalten. Sie wünschen sich Kontakte mit Mitmenschen und nicht mit Häftlingen. Sie begreifen nicht, warum sie vor der Aussenwelt versteckt werden. Auf das Stichwort »Resozialisation« reagieren sie mit Hohn und Bitterkeit.

»Hier entsteht nur Hass und Rache, und das ist ja nicht gut für die Zukunft. Das bewirkt ja das Gegenteil. Da kommen Ohnmachtsgefühle. Man hat keine Gelegenheit zu Gesprächen, kann sich niemandem öffnen. Hier wird nur bestraft. Bei vielen sind die Ohnmachtsgefühle erneut ein Grund zu delinquieren. Hier im Gefängnis bildet sich ein Stau, dieser hat nirgendwo Platz. Kein Raum für persönliche Auseinandersetzungen. In der Freiheit draussen muss man diesem Stau Platz machen. Im Strafvollzug wird man entmündigt. Nur eine kleine Minderheit hat die Chance, draussen wieder zu bestehen. Der Gefangene muss doch Erfahrungen unter freiheitlichen Bedingungen erkennen und festigen können. Einerseits werde ich als grosser gemein-

gefährlicher Mensch hingestellt, und andererseits tut man nichts, dass ich mich bessern kann. Die Häftlinge hier drinnen müssen so sehr kämpfen, dass sie zum Zeitpunkt ihrer Entlassung keine Kraft mehr haben, um draussen zu bestehen. Das Prinzip ›Türe schliessen‹ reicht nicht.«

»Der Mensch wird gewalttätig, wenn er immer so um gleichgesinnte, brutale Typen ist. In den Anstalten lernt man einfach nichts Gutes. In diesem Eingesperrtsein kann sich keiner entwickeln. Der kann hier gar nicht rauskommen. Niemand hilft ihm.«

Bei einigen der Befragten offenbart sich auch Angst vor dem psychiatrischen System. Der Horror vor Psychopharmaka scheint bei Notzuchttätern besonders ausgeprägt. Sie befürchten, durch die verordnete Einnahme von Medikamenten in ihrem körperlichen, vor allem sexuellen Befinden geschädigt zu werden, ohne dass ihnen eine Möglichkeit der Gegenwehr gegeben wäre. Lieber möchten sie im Normalvollzug ihre Haftzeit verbüssen, auch wenn ihnen das Eingesperrtsein schwer zusetzt.

»In der psychiatrischen Klinik stopften sie mich voll mit Psychopharmaka und sonstigen Medikamenten, so dass ich immer noch, ein Jahr später, Störungen habe und zum Arzt muss. Es war so schlimm, dass ich an Selbstmord dachte. Man wird nicht gefragt, ob man die Medikamente will. Ich hatte keine Chance, weil Psychiatrie und Justiz Hand in Hand arbeiten.«

»Ich war jahrelang in der psychiatrischen Klinik. In der ganzen Zeit hat nicht ein einziger mit mir über die Vergewaltigung gesprochen.«

Nur einer der Befragten würde es begrüssen, in einer psychiatrischen Klinik stationär behandelt zu werden. Der Mann hält nichts von ambulanter Therapie im Gefängnis, da er viel zu selten Gelegenheit habe, über anfallende Probleme zu sprechen. Drei andere Delinquenten sind mit der ambulanten Therapie zufrieden und hätten sich eine solche besser früher gewünscht, da sie vielleicht dann nicht mehr rückfällig geworden wären oder würden. Das grosse Mehr der Befragten allerdings hält nichts von Therapien. Da sie sich als gesunde Männer betrachten, sehen sie absolut keinen Grund, einen Seelenarzt aufzusuchen. Ihr Widerstand gegen »Gespräche über mich« ging in einem Fall bis vor das Bundesgericht.

»Ich bin ein normaler Mensch. Was soll ich mit einer Therapie?«

»Die Gespräche mit dem Therapeuten habe ich abgeblockt. Ich habe ihm gesagt, dass ich das Gefühl habe, es ändere sich überhaupt nichts, wenn ich mit ihm rede, und er hat mir das gleiche gesagt. Jetzt sprechen wir nicht mehr miteinander.«

Da alle Befragten während der Haftzeit mit jemandem über ihre Tat gesprochen haben (Mitgefangene, Sozialarbeiter, Besuche), sehen sie keinen Grund, die alten Geschichten immer wieder aufzuwärmen.

Die interviewten Fachpersonen der Strafanstalten sind sich einig, dass spezielle Therapien mit Notzuchttätern durchgeführt werden sollten. Voraussetzung dafür wäre allerdings eine positive Einstellung des Delinquenten zur Therapie. Unter den aktuellen Haftbedingungen sehen sie keine oder nur geringe Chancen, dass sich die Männer grundlegend in ihrem Verhalten ändern werden. Diese pessimistische Einschätzung einer erfolgreichen Resozialisierung sagt nichts aus über das Verhalten der Männer innerhalb der Strafanstalten. Im Gegenteil scheinen Notzuchttäter im Vollzug eher unauffällig zu sein. Sie sind vor allem Einzelgänger und gehen mit grossem Fleiss ihrer Arbeit nach. Ihr angepasstes Benehmen macht es nicht notwendig, sich in besonderem Masse um sie zu kümmern. Aus diesem Grund wird ihnen nur selten eine auf ihre persönliche Problematik zugeschnittene Therapie zuteil. Im Normensystem der Strafanstalt machen sie kaum Probleme. Dieses Faktum hat im geltenden Strafvollzug oberste Priorität. Zuversichtliche Prognosen für das Verhalten danach können nicht abgeleitet werden.

Acht der befragten Täter sehen der Zeit nach der Haft optimistisch entgegen. Allerdings können nur vier konkrete Angaben zur Zukunftsgestaltung machen. Besonders wichtige Anhaltspunkte sind eine intakte Familie, zuverlässige Freunde und das Versprechen des ehemaligen Arbeitgebers, den Mann nach der Entlassung wieder einzustellen. Pessimistische Gefühle gegenüber der Zukunft stellen sich ein, wenn die Erwartungen an das zukünftige Leben geprägt sind durch negative Erfahrungen im Hafturlaub oder zwischen zwei Haftperioden. Wenn ein Mann ausserhalb des Vollzugssystems vergeblich nach Arbeit sucht oder feststellen muss, dass seine persönlichen Konflikte nicht verjährt sind oder sich gar verschlimmert haben, wird er mit grosser Wahrscheinlichkeit wieder strafbare Handlungen begehen.

»Ausser mit den Opfern hatte ich nie eine sexuelle Beziehung zu Frauen, und jetzt soll ich eine Bekanntschaft haben. Ich bin am Suchen und Suchen.«

»Wenn man langsam Angst vor der Freiheit hat, das ist dann zum Davon-rennen, das ist doch Wahnsinn.«

In einem Fall ist die Angst vor draussen so gross, dass der Mann schon im Gefängnis den Wunsch nach einer Nachbetreuung äusserte, an-sonsten er lieber drinnen bleiben möchte. Eine wesentliche Bedin-gung für das Gelingen einer Reintegration formulierte ein Befragter am Schluss des Interviews:

»Wenn es mir gelingt, ohne Hass und Rachegefühle aus diesen Mauern hin-auszugehen, dann habe ich eine Chance.«

V

Folgerungen

Die Demontage der Vorurteile

»Es schnürt mir den Magen zu, wenn ich solche Berichte lese, ich bekomme eine Stinkwut und gleichzeitig fühle ich mich elend«, sagte eine Frau, als sie Teile dieser Texte las. Ein männlicher Leser war erschüttert und fühlte sich hilflos. Reaktionen dieser Art sind verständlich. Es fällt nicht leicht, diese Wirklichkeit anzuerkennen, auszuhalten und wieder den gewohnten Alltag der Gleichgültigkeit aufzunehmen. Es ist aber nicht so, dass nur eine Minderheit von Frauen und Männern von der Art und vom Ausmass sexueller Gewalt eine Ahnung hätten. Eine überwiegende Zahl von Menschen hat indirekt davon erfahren, sei es durch die Medien oder als unfreiwillige Zeugen, oder sie sind selbst verwickelt als Opfer oder Täter. Wer die Augen und die Ohren nicht verschliesst, wer sich nicht an das verheerende Gebot der Nicht-Einmischung hält, wer nicht unempfindlich und abgebrüht durchs Leben stampft, wird fast zwangsweise mit sexuellen Gewaltverhältnissen konfrontiert. Das ist keine Behauptung oder Glaubensfrage, sondern eine Frage der statistischen Wahrscheinlichkeit.

Um mit dieser unleidigen Realität umgehen zu können, wird sie zurechtgebogen, bis sie wieder in gewohnte Denkschemen passt. Wenn Männer oder Frauen ungewollt zur Kenntnis nehmen müssen, dass der soweit unauffällige Nachbar seine Ehefrau gelegentlich zum Sexualverkehr überreden muss, zugegebenermassen mit Hilfe von etwas Gewalt, und diese offensichtlich unter diesen Handlungen leidet, obwohl sie sonst eigentlich alles hat, dann gerät die geliebte Ordnung der Dinge in Gefahr.

Was sind die häufigsten Reaktionsformen in solchen Fällen? 1. Nichts tun und darauf hoffen, dass sich die Lage wieder normalisiert. 2. Nicht mehr hinhören, eventuell das Schlafzimmer wechseln und mit Ohrenschutz schlafen. 3. Mit einem andern Nachbarn unverfänglich ein Gespräch über Nachtruhe im allgemeinen beginnen, um abzuklären, ob er oder sie ähnliches registriert oder es sich doch nur um Halluzinationen handelt. 4. Den möglicherweise gewalttätigen

Mann um Rat fragen beim Auswechseln von Zündkerzen, um sich zu vergewissern, dass er im Grunde anständig und sicher kein brutaler Sexualtäter ist. 5. Der betroffenen Frau beim Einkaufen die Tragtasche abnehmen, damit sie eine Last weniger hat. 6. Dem Hauswart einen Brief schreiben, er solle sich um die mangelnde Lärmisolation kümmern, die es einem erschwere, den verdienten Schlaf zu finden. 7. Das betreffende Ehepaar zum Abendessen einladen, um einen konstruktiven Beitrag zur Harmonisierung zu leisten, ohne selbstverständlich das heikle Thema direkt anzusprechen. 8. Der Frau Schlaftabletten empfehlen wegen des störenden Nachtverkehrs. 9. Das Sozialamt, die Heilsarmee oder die Polizei benachrichtigen, dafür sind die ja da. 10. In eine gewaltlosere Gegend oder ein Einfamilienhaus ziehen.

Diese Auswahl von Reaktionen gehört zum Alltagshandeln von Menschen angesichts unangenehmer Ereignisse. Die allerwenigsten sind bereit, direkt ins Geschehen einzugreifen, obschon dies die vernünftigste und naheliegendste Reaktion wäre [22]. Um das ausweichende Verhalten vor sich und andern rechtfertigen zu können, bedienen sich Mann und Frau vorgefasster Urteile. Ich habe diese Mythen in der Einleitung erläutert. Vorurteile helfen Personen, stabil zu bleiben. Wenn zur Kenntnis genommen werden muss, dass sexuelle Gewalt nicht nur in der Gosse oder den Boulevardmedien aufscheint, sondern in der Wohnung nebenan stattfindet, kann das für ziemliches Durcheinander sorgen: Der Glaube an die intakten Partnerschaften gerät ins Wanken. Die eigene Ehefrau könnte von Zweifeln angesteckt werden. Not tut eine sachliche, rationale Beurteilung, um die Lage wieder rasch in den Griff zu bekommen.

Und siehe da, Gründe für das Ausserordentliche werden gefunden: Die betroffene Frau liebt es eben ein wenig mit Nachdruck. Wahrscheinlich hat sie einen Liebhaber, und der Mann ist verzweifelt. Das passiert nur, wenn er Alkohol trinkt. Es gibt in jeder Partnerschaft Krisen, daran kann sie wachsen. Die Frau ist hysterisch, der Mann vielleicht unter Druck am Arbeitsplatz. Auf jeden Fall geht das alles wieder vorbei, und auf jeden Fall haben wir als Drittpersonen damit nichts zu tun. Und sowieso sind wir nicht die einzigen Nachbarn, die andern könnten auch reagieren, und da sie auch nichts tun, denken sie gleich wie wir. Wir leben in einem freien Land, wir achten die Privatsphäre, und wenn es wirklich so schlimm ist, kann sie sich scheiden lassen. Wir würden es auch nicht schätzen, wenn beim kleinsten Ehekrach die Nachbarn oder gar die Polizei in der Türe stünden.

Vorurteile können dazu dienen, sich leichter zu orientieren, sich selbst zu behaupten, sich an ungewohnte Situationen anzupassen und sich zu rechtfertigen. Zusätzlich verfestigen sie die bestehenden Verhältnisse. Sie sind Garant der Ausbeutung des weiblichen Körpers. Die Schuld an der sexuellen Gewalt wird in der Regel der Frau zugeschoben, um so von einer tiefergehenden Analyse der tatsächlichen Ursachen abzulenken. Der Frau werden minderwertige Eigenschaften zugeschrieben. Damit kann das eigene Gewissen beruhigt werden. Die eigene Verantwortung wird weggeschoben und unangenehme Einsichten werden abgeblockt.

Solche Mechanismen habe ich versucht, mit den vorangegangenen Berichten zu verdeutlichen. Wer sich auf die Schilderungen der Männer und Frauen einlässt, hat die Chance, der Wirklichkeit ein Stück näherzukommen. Erinnern wir uns der aufgezählten Mythen und stellen sie der Realität gegenüber:

1. Frauen provozieren oft sexuelle Gewalt
Dieses Vorurteil geht davon aus, dass ihr Äusseres sich selbst und den Mann in eine Situation führt, in der es mit hoher Wahrscheinlichkeit zu sexueller Gewalt kommen muss.

Einer der in Haft befindlichen Täter sagte aus, dass die Auswahl seiner Opfer rein zufällig war. Es musste einfach eine Frau sein. Die Frauen, die zu Opfern sexueller Gewalt wurden, kleideten und benahmen sich in den allermeisten Fällen nicht anders als die Frauen, die bisher verschont blieben. Frau-Sein reicht aus, um Männer zu provozieren.

2. Keine Frau kann gegen ihren Willen vergewaltigt werden
Wer an dieser Behauptung festhält, geht davon aus, dass der Mann den Willen der Frau respektiert. Sobald diese ihr Nein zur Intimität deutlich signalisiere, werde der Mann von seinem Unterfangen absehen.

Die wiedergegebenen Aussagen der Männer haben gezeigt, dass dieser Fall nicht zutrifft. Das Ziel der Männer war, eben diesen Widerwillen der Frau zu brechen, mittels Drohung oder Gewalt zum Ziel zu kommen. In vielen Fällen kann sogar gesagt werden, dass es genau dieser Widerwille der Frau war, welcher den Mann zur Gewalt motivierte. Und dann ist er bereit, alle Mittel anzuwenden, um zum Erfolg zu kommen. Je nach Lage variiert seine Strategie. Er kann die Frau ihre Abhängigkeit von ihm spüren lassen und damit zum Ziel kommen. Er kann sie an ihre Pflichten erinnern, oder er kann sie brutal schlagen und mit dem Tode bedrohen. Die Chancen für die Frau, sich erfolgreich zu wehren, schwanken je nach Situation. Eine körperlich unterlegene und in Abwehrkämpfen ungeschulte Frau mag zwar einige Minuten einem Angriff widerstehen, aber für einen länger dauernden Kampf fehlt ihr meist die Kraft. Wenn schwere körperliche Gewalt angewendet oder angedroht wird, allenfalls mit einer Waffe, oder wenn die Frau von mehr als einem Mann attackiert wird, wird sie versuchen, durch Hinhalten mit dem Leben davonzukommen. Die Tatsache, dass gerade ihr so etwas passiert, der Schock durch den Angriff, die eigenen Schuldgefühle, die Angst vor den Folgen und die Reaktionen der Umwelt, alle diese Faktoren schwächen die Abwehrmöglichkeiten der Frau und verstärken die Kraft des Mannes, der vorbereitet und gezielt diesen Kampf begonnen hat.

3. Frauen wünschen sich insgeheim, vergewaltigt zu werden

Ein 26jähriger, lediger Mann versuchte zu erklären, dass Frauen es ganz gerne haben, wenn sie ein bisschen hart angefasst werden. Ein gleichaltriger, verheirateter Mann schlug seine Frau während des Sexualaktes in der Meinung, dann klappe es besser. Die Vorstellung, dass Frauen sich danach sehnen, einmal richtig hart genommen zu werden, spukt in manchen Männerhirnen. Wie viele Filme und Bücher zeigen täglich, dass der anfängliche Widerstand der Frauen in plötzliche Lust umschlagen kann. Wie viele männliche Helden bezwingen die Traumfrau mit Gewalt, bis diese ergeben und glücklich in den Armen ihres Eroberers liegt, ihm dankt für seine Kraft. Wer nichts wagt, gewinnt nichts, sagte ein hinter Gitter sitzender Mann. Frauen lieben keine Softies, sie schmachten nach dem wilden, brutalen Akt.

Die Gespräche mit den Frauen haben unmissverständlich dargelegt, dass sexuelle Gewalt und Lust der Frau miteinander rein gar nichts zu tun haben. Alle Frauen waren geschockt, in eine solche Situation geraten zu sein. Der Gedanke, eine dieser Frauen hätte sich die Gewalttätigkeit gewünscht, ist grotesk. Eine solche Vorstellung kann nur haben, wer Vergewaltigung mit Geschlechtsverkehr in Verbindung bringt oder gar gleichsetzt. Dann kann man meinen, eine Vergewaltigung sei eine Vergewohltätigung, wie es ein anrufender Mann süffisant ausdrückte. Frauen, die zu wenig Sexualpartner haben, seien vielleicht ganz froh darum. Oder Frauen, die eine langweilige Ehe führen, freuten sich über eine abenteuerliche Abwechslung, von der sie noch lange zehren würden. In den Vereinigten Staaten wurden Hunderte von

Frauen zu ihren sexuellen Phantasien befragt [23]. Weniger als ein Prozent berichtete über gelegentliche Vergewaltigungsphantasien. Ein Kurzschluss, daraus einen Wunsch nach realer sexueller Gewalt abzuleiten. Etwa gleich schlüssig, wie wenn aus einem geträumten Verkehrsunfall der Wunsch abgelesen wird, endlich einmal richtig überfahren zu werden.

4. Vergewaltigung ist ein Triebverbrechen

Es gibt sie, die Triebtäter. Sie sind eine kleine, verschwindende Minderheit. Trotzdem gibt es kaum ein Vorurteil, das so breite Unterstützung in der Bevölkerung findet. Drei von vier Männern und Frauen halten daran fest, dass Männer sexuelle Gewalt ausüben, weil ihnen ihr Trieb, ihre Veranlagung solches befiehlt. Sex aus Not. Von einem vielbeschworenen, dunklen Moment an kann der Mann nicht mehr zurück. Ausser Kontrolle.

Je rund ein Drittel der nicht-angezeigten und der in Haft befindlichen Männer sehen sich als Affekttäter. Es sei plötzlich – wie ein Reflex – über sie gekommen. Sie hätten gar nicht gewusst, wie ihnen geschehe. Im Gegensatz dazu ordnen nur fünf der 156 Frauen ihre Peiniger dieser Kategorie zu. Sie sind überzeugt, dass die Männer in voller Absicht, wohlüberlegt und kaum aus sexueller Not gehandelt haben. Diese Aussagen decken sich mit der grossen amerikanischen Täteruntersuchung von Menachem Amir [5]. Dort wurde bei 1300 Sexualtätern festgestellt, dass das hauptsächliche Vergewaltigungsmotiv nicht sexueller Drang war, sondern Beherrschungs- und Geltungsbedürfnis. Die Männer waren mehrheitlich auf der Suche nach Status, Ansehen und Identität. Ausserdem waren über 70 Prozent der untersuchten Fälle im voraus geplant. Der Tatort, die Überfalltaktik und das Opfer waren ausgewählt. Die Täter waren keine psychisch gestörten Persönlichkeiten, sondern ganz normale Männer, oft verheiratet oder in eheähnlichen Beziehungen lebend, also mit einer durchschnittlichen sexuellen Biografie. Diese Befunde entsprechen den Aussagen und den sozialen Hintergründen der Männer aus der vorliegenden Untersuchung.

Es fällt offensichtlich vielen nicht leicht zu akzeptieren, dass Sexualtäter keine absonderlichen Geistesgestörten sind, sondern dass sie uns viel näher sind, als wir glauben wollen. Dass sie klein- oder grosskariert, ohne Skrupel, in sorgfältiger Manier ein Verbrechen planen und mit Konsequenz durchführen. Und dass sie damit meistens Erfolg haben.

5. Der Täter ist ein Fremder

Sobald ein Mann einer Frau vertraut oder bekannt ist, nimmt sie in der Regel an, es bestehe kein Grund, sich von ihm bedroht zu fühlen. Das gegenseitige Kennenlernen, die entstehende Nähe senke die Eintretenswahrscheinlichkeit von Gewalt. Häufig geht sie sogar davon aus, dass vertraute Männer sie vor den Übergriffen fremder Männer schützen. Die Bedrohung geht für den Grossteil der Frauen vom unbekannten Mann aus.

Die Berichte sowohl der Männer als auch der Frauen drängen zu einer dringlichen Wahrnehmungskorrektur. Nur eine kleine Minderheit der nicht-angezeigten Männer (drei von 35) und eine ebensolche der attackierten Frauen (30 von 156) kannten ihr Opfer beziehungsweise ihren Täter nicht. Sogar von den sich im Strafvollzug befindenden Männern war nur einem knappen Drittel das oder die Opfer unbekannt. Die Hauptgefahr und damit die sexuelle Gewalt geht eindeutig und nachweisbar von bekannten und vertrauten Männern aus. Diese Tatsache muss um so mehr zur Kenntnis genommen werden, als die Untersuchung ergab, dass Frauen viel eher von einer Anzeige absehen, je bekannter ihnen der Täter ist. Sexuelle Gewalt muss auch als solche identifiziert werden, wenn zwischen Täter und Opfer ein Beziehungsverhältnis besteht. Allzu rasch wird sonst eine Vergewaltigung zur harmlosen Handlung umdefiniert, wenn das Kennzeichen »fremder Angreifer« wegfällt.

Die soziale Wirklichkeit lässt keine Zweifel offen. Ob Männer und Frauen sich allerdings mit den beschriebenen Tatsachen auseinandersetzen wollen, ob sie bereit sind, ihr Verhalten und ihre Einstellungen adäquat zu verändern, ist eine andere Frage. Beispielsweise müssten sie sich auch eingestehen, dass die so wohlgemeinten Ratschläge an die Frauen, wie sie eine Vergewaltigung verhindern können, fehl am Platz sind. Weshalb werden Frauen so eindringlich davor gewarnt, bestimmte Orte zu bestimmten Zeiten zu meiden, warum wird ihnen geraten, sich nicht mit fremden Männern zu unterhalten, möglichst wenig ohne Schutz eines vertrauten Mannes zu unternehmen? Weshalb sehen es die meisten Männer am liebsten, wenn ihre Freundinnen oder Ehefrauen zurückhaltend und artig sich zu Hause aufhalten und die Bühne der Öffentlichkeit, vor allem abends, an ihrem Arm betreten? Es wird so getan, als ob alle fremden Männer Raubtiere wären und nur der ausgewählte Partner ein Ritter der Ehre sei.

Dieselbe Verzerrung betreibt, wer Frauen rät, sie sollten sich im Falle sexueller Gewalt ruhig verhalten, nicht schreien, nicht fliehen, sondern sich statt dessen mit dem Täter freundlich unterhalten und darauf vertrauen, dass die Sache bald vorbeigeht. Die Studie hat klar gezeigt, dass Frauen, die sich so verhielten, meist die sexuelle Gewalt erdulden mussten. Diejenigen, die die Vergewaltigung abwenden konnten, wehrten sich mittels körperlicher Kraft, sie rannten weg, überlisteten den Täter oder schrien um Hilfe.

Diese Befunde decken sich mit denjenigen amerikanischer Untersuchungen [24]. Unter dem Titel *Stop der Vergewaltigung* beschreiben beispielsweise Pauline Bart und Patricia O'Brien erfolgreiche Überlebensstrategien von 94 attackierten Frauen aus den USA. Diejenigen Frauen, die sich gegen die männlichen Angriffe nicht wehrten, wurden ohne Ausnahme vergewaltigt. Erschwerend kommt dazu, dass eine Vergewaltigung in der Regel nicht als solche anerkannt wird, wenn sich das Opfer nicht gewehrt hat. Die Frau steht vor der paradoxen Situation, dass ihr geraten wird, sich nicht zu wehren, um der Gewalt zu entkommen. Tritt die Gewalt trotz dieser Vorkehrung ein, wird ihr vorgeworfen, sich nicht gewehrt zu haben. Denn nur wenn sie sich gewehrt hat, liegt ein Gewaltakt vor. Erfolgreiche Abwehrstrategien waren in den amerikanischen Studien Flucht, physischer Widerstand und Schreien. Wenig nützte Reden mit dem Täter. Und fatal wirkte sich Bitten oder Flehen aus, solches Verhalten steigerte das Machtgefühl des Mannes. Am erfolgreichsten wandten angegriffene Frauen eine Kombination verschiedener aggressiver Strategien an. Auffallend ist zudem, dass nur wenige kämpferische Frauen brutal geschlagen wurden. Physischer Widerstand führte häufiger zur Aufgabe des Vergewaltigungsversuchs als zu Schlägen.

Warum beharren viele Männer und Frauen auf den offensichtlich kontraproduktiven Empfehlungen? Es sei ja nur gut gemeint, es gehe darum, die Frauen vor der Gewalt zu schützen. Wenn sie sich wehre, werde sie bloss noch mehr Gewalt erfahren. Die Untersuchung belegt, dass auch diese letzte Behauptung nicht zwangsläufig der Wahrheit entspricht. Dennoch werden Fälle, in denen die Frau vergewaltigt und getötet wird, mit drohendem Zeigefinger referiert. Wichtiger wäre es, von Überfällen zu berichten, in denen Frauen den Täter in die Flucht schlagen konnten oder sie ihm entwischten.

Dass eine große Mehrheit von Männern und auch Frauen bei diesen alten Zöpfen bleibt, hat möglicherweise damit zu tun, dass immer noch eine Vorliebe besteht für passive und abhängige Frauen. Die Ratschläge haben die Funktion einer Verhaltenssteuerung, einer sozialen Kontrolle. Nicht-konformes und nicht-angepasstes Verhalten soll unterdrückt werden.

Frauen sollten aber im Gegenteil ermutigt werden, sich zu wehren, zu kämpfen, sich in Selbstverteidigung zu üben, und zwar nicht nach Regeln sportlicher Fairness, sondern mit allen schmutzigen Tricks, denn sexuelle Gewalt ist nicht fairer Sport. Auch wenn solche Haltungen als männerfeindlich gelten. Sie müssen es zwangsweise sein, wenn der Mann die Frau zum Eroberungsobjekt degradiert.

Was wäre, wenn Frauen sich so benehmen würden wie Männer, wenn Frauen so handeln würden, als wären sie frei? Wenn sie sich nicht mehr ausgrenzen liessen aus der Welt der Männer und die ihnen zugewiesene Dienstleistungsrolle ablegen würden? Wenn sie nicht mehr länger ihr Leben ausschliesslich auf das Glück des Mannes und der Familie ausrichten würden? Und sich die gleichen Rechte und Freiheiten nähmen wie der Mann? Dann stellte sich ein Chaos ein, oder genauer gesagt, die Auflösung einer männerdominierten Ordnung, mithin der Beginn einer neuen Ordnung.

Wie dunkel muss die Ziffer sein?

Die Frage nach der Anzahl und Verbreitung von Straftaten führt zwangsweise zur Frage nach der Dunkelziffer. Es wird ein wissenschaftlich unlösbares Problem bleiben, die genaue Häufigkeit von Delikten zu bestimmen. Dabei spielt es grundsätzlich keine Rolle, ob es sich bei der strafbaren Handlung um eine Steuerhinterziehung, einen Autodiebstahl oder eine sexuelle Gewalttat handelt. Es wird immer Straftaten geben, die nicht publik werden.

Das Besondere am Verhältnis von sexueller Gewalt und Dunkelziffer machen im wesentlichen drei Faktoren aus:

Zunächst ist sexuelle Gewalt in unserer Kultur weitgehend tabuisiert. Es wird möglichst wenig darüber gesprochen. Die Fälle, auf die sich die Medien und das Interesse des Publikums stürzen, sind Extremfälle, die mit der Normalität sexueller Gewalt wenig zu tun haben und mithelfen, sie zu verschleiern. Die Tabuisierung durchdringt und behindert alle Prozesse der Sichtbarmachung.

Zweitens: Justiz- und Polizeiorgane haben zur Aufgabe, Verbrechen zu verhindern, aufzudecken und im Falle der Aufklärung zu ahnden. Bei der sexuellen Gewalt macht es den Anschein, als ob die zuständigen Behörden Berührungsängste hätten. Sowohl in der Prävention als auch auf der Ebene der Intervention (Prozesse, Strafverfahren) zeigen sich Spuren eines gestörten Verhältnisses. Im Gegensatz etwa zur Ahndung von Sachbeschädigungen tun sich die Vertreter der Justiz schwer, ihrem gesellschaftlichen Auftrag in genügender Weise nachzukommen. In der Bundesrepublik hat Kurt Weis den Nachweis für diese Behauptung erbracht[8]. Er konnte darlegen, welche Hürden sexuelle Gewaltfälle bei den Untersuchungsorganen durchlaufen, bis sie in der Mehrzahl der Fälle ohne Prozess eingestellt werden. Für die Schweiz stütze ich mich auf Berichte von Opfern und Mitarbeiterinnen von Nottelefonen und Frauenhäusern, die einschlägige Erfahrungen mit Notzuchtfällen haben. Eine systematische Evaluation steht noch aus.

Schliesslich die oft zitierte und belegte geringe Bereitschaft der

Frauen, eine sexuelle Gewalttat anzuzeigen. Dieser Umstand kann nur auf dem Hintergrund der Tabuisierung, der Vorurteile und der Untersuchungspraxis begriffen werden. Generell gilt: Wenn einer Person ein Schaden zugefügt wird, bemüht sich diese in der Regel darum, den Schaden anzuzeigen und Genugtuung zu verlangen. Wird ihr das Fahrrad gestohlen, meldet sie es Versicherung und Polizei. Im Falle sexueller Gewalt, die fast immer Kinder und Frauen trifft, gibt es gute Gründe für die Frau, den ihr entstandenen Schaden und den Täter nicht anzuzeigen.

Vorausgesetzt die Frau hat sich trotz ihrer tiefen seelischen und körperlichen Verwundung entschlossen, den Weg an die Öffentlichkeit anzutreten, dann muss sie mit einiger Wahrscheinlichkeit damit rechnen, dass an ihrem Bericht gezweifelt wird, sowohl von ihr nahestehenden Personen als auch von den Untersuchungsorganen. Dieses Misstrauen macht es notwendig, dass sie das Erlittene wiederholt in Einzelheiten berichten und ihr Verhalten begründen muss, bevor überhaupt ein Schritt getan wird, damit sie zu ihrem Recht kommt. Sie muss erfahren, dass man nicht automatisch für sie als Geschädigte Partei nimmt, sondern im Gegenteil ihre Glaubwürdigkeit und ihre Person zum Gegenstand der Untersuchung macht. Man stelle sich ein ähnliches Verhalten vor, wenn es sich um einen Bankdirektor handelt, dem gerade seine Bank ausgeraubt wurde. Die Polizei würde sein Vorleben durchleuchten, seine Glaubwürdigkeit überprüfen, und ihm vorwerfen, er habe die Täter auf unmoralische Weise durch das Äussere und den Inhalt seiner Bank provoziert.

Der geschädigten Frau wird erklärt, die Schwere einer allfälligen Strafe mache solches Vorgehen notwendig. Sie muss darauf gefasst sein, dass kein Verfahren eingeleitet oder das Verfahren frühzeitig abgebrochen wird. Wird es fortgesetzt und kommt es zu einem Prozess, können seit der Tat Monate, gar Jahre vergangen sein. In dieser Zeit muss sie versuchen, mit dem immer wiederkehrenden Erlebnis fertig zu werden. Sie muss Gegenüberstellungen mit dem Täter aushalten, und sie muss während des Prozesses die meist demütigenden Fragen des Verteidigers über sich ergehen lassen, meist noch in der Position der Zeugin, ohne Klagerecht. Ob es schliesslich zu einer Verurteilung kommt oder nicht, ist dann immer noch eine andere Frage. Der Schritt zur Anzeige hat neben diesen Belastungen möglicherweise auch finanzielle Folgen für die Frau und bewirkt oft, dass sie mehr oder weniger ins Zentrum einer dubiosen öffentlichen Neugierde gerät, meist ohne soziale Unterstützung.

Ein weiterer Grund für die geringe Anzeigebereitschaft der Frau besteht darin, dass die sexuelle Gewalt oft von einem der Frau bekannten oder vertrauten Mann ausgeht. Je vertrauter, desto weniger Anzeigen. Frauen wissen sehr wohl, dass sie in einem solchen Fall noch weniger Chancen haben, auf Glauben und Unterstützung zu treffen als bei einem unbekannten Täter. Und Frauen fühlen sich dem Täter eher verpflichtet, wenn er ihnen vertraut ist. Sie schämen sich, in einer Gewaltbeziehung zu leben und diese öffentlich zu machen. Häufig sind sie emotional, sozial und finanziell vom Täter abhängig. Diese Verstrickungen hindern sie daran, ihre Rechte zu reklamieren. Manchmal ziehen sie es auch vor, im Abhängigkeitsverhältnis zu bleiben, in der Hoffnung, die sexuelle Gewalt verschwinde, wie sie gekommen war, unbemerkt.

All diese Faktoren machen es möglich, dass von den 156 Frauen, die anriefen, gerade 30 eine Anzeige bei der Polizei erstattet hatten. Es wäre unzulässig, aus diesem Zahlenverhältnis eine Dunkelziffer von 5 abzuleiten. Die Stichprobe ist nicht repräsentativ für alle Frauen, die sexuelle Gewalt erleiden mussten. Es ist davon auszugehen, dass viele Frauen anrufen wollten, aber die Linie besetzt war. Des weiteren zieht es manche Frau vor, nicht mehr über den Gewaltakt reden zu müssen. Alte Narben sollen nicht mehr geöffnet werden. Diese Annahme drängt sich auch auf, weil zwei Drittel der Anruferinnen über Fälle berichteten, die in den letzten fünf Jahren geschahen. Und es ist nicht anzunehmen, dass sexuelle Gewalt in den achtziger Jahren übermässig Konjunktur hat, sondern viel eher, dass dieses soziale Phänomen mehr oder weniger konstant Teil unserer Kultur ist.

Die Auseinandersetzung um die Dunkelziffer ist oft ein frustrierendes Feilschen um Höchstwerte: Ist die tatsächliche Zahl sexueller Gewaltfälle fünf- oder zwangzigmal höher als die Anzahl der Anzeigen? Aufgrund der erwähnten Indikatoren gibt es gute Gründe, eher eine zweistellige Dunkelziffer für realistisch zu halten, aber auch nach konservativen Schätzungen ist sexuelle Gewalt schon so verbreitet, dass dieser Streit um Zahlen sekundär wird und es endlich ansteht, die Wirklichkeit wahrzunehmen und Ursachen zu bekämpfen. Viele Frauen und Männer sind sich nicht bewusst oder wollen es nicht wahrhaben, dass sie Opfer oder Täter sexueller Gewalt waren und sind. Dieser These wird oft entgegengehalten, es könne dann auch nicht so schlimm sein und man solle keine schlafenden Hunde wecken. Eine solche Argumentation ist insofern falsch, als sie beiseite lässt, welchen Preis Frauen für das Kaschieren der Realität bezahlen und welchen Lohn Männer dafür ernten.

Die Zweifler an der Alltäglichkeit und am hohen Verbreitungsgrad dieser Gewaltform berufen sich darauf, dass bisher ausschliesslich von Frauen, und dies in grosser Zahl, Zeugnisse sexueller Gewaltereignisse abgelegt wurden. Von den Männern seien hingegen nur wenige geständig und die seien auch verurteilt worden. Mangels Zeugen gebe es keine Beweise für alle andern von Frauen behaupteten Fälle. Wenn die Aussagen der Frauen der Wahrheit entsprächen, müsste ein Heer von Sexualtätern frei herumlaufen. Solange die Männer sich nicht zur Täterschaft bekennen, bleiben in den Augen der Skeptiker die Berichte der Frauen Fiktion und eine hohe Dunkelziffer spekulativ, da immer nur eine Seite gehört worden war.

Eine solche Haltung ist nach der vorliegenden Untersuchung nicht mehr vertretbar. Erstmals sind Männer freiwillig zu ihrer Täterschaft gestanden. Sie haben damit eine verwaiste Leerstelle gefüllt. Es waren zwar rund viermal weniger Männer als Frauen, die über sexuelle Gewalt berichteten. Aber das kann eigentlich nicht erstaunen, da es schwieriger scheint, in der Position des Täters anzurufen als in derjenigen der Misshandelten. Die Frau kann mit Solidarität und Verständnis rechnen, Voraussetzungen, die aus der Sicht des Mannes zumindest in Frage standen. Weniger die Zahl der Anrufe steht im Vordergrund als die Berichte der Männer. Wesentlich daran ist das Unspektakuläre, das Alltägliche, die Normalität des Schrecklichen. So wie die Männer die sexuelle Gewalt geschildert haben, ist sie in ganz normalen Beziehungen vorstellbar, in Alltagssituationen, in denen Männer auf Frauen treffen. Es braucht keine besonderen Umstände, es braucht keine abnormen Männer und leichtbekleideten Frauen, damit sexuelle Gewalt ausgeübt wird. Ohne Aufsehen ist sie eingebettet im Schoss unserer Geschlechterverhältnisse, in den Strukturen unseres Gesellschaftssystems.

Ich bin froh um die Männer, die angerufen haben, denn sie durchbrachen ein Schweigen meines Geschlechts zu einem Missstand, zu dessen Normalität alle Männer beitragen. Es gibt kaum eine Machtkonspiration, die so perfekt funktioniert wie diejenige der Männer gegen die Frauen. Männer halten dicht und wissen ungefragt, was zu tun ist, damit ihre Privilegien Bestand haben.

Das Schweigen der Männer zur sexuellen Gewalt ist die Garantie für die Praxis derselben. Wenn Männer, wie es die Anrufer taten, diese Mauer durchstossen, ist ein kleiner Anfang zur Veränderung gemacht. Nicht mehr länger können die wertvollen Berichte der Frauen leichtfertig als Phantasien, als unverarbeitete Neurosen abgetan werden. Ihre Schilderungen fanden die Entsprechungen in den Anrufen der Männer.

Arrangements mit der Herrschaft

Da sie kein Geld bei sich hatte, sollte sie ihm wenigstens einen blasen. Ein anderer vergewaltigte eine Frau und sagte, er hätte geradesogut eine Post überfallen können. Ein dritter zog seiner Ehefrau eine Badekappe übers Gesicht und meinte, als sie aufbegehrte, sie solle nicht so tun, es mache ihm eben Lust. Und ein vierter sagte zu seiner Partnerin, als sie zu ihm zärtlich werden wollte: So weit sind wir noch nicht mit der Emanzipation, dass die Frauen bestimmen, wann man miteinander schmust.

Was ist diesen Männern gemeinsam? Die Selbstverständlichkeit ihrer Haltung. Für sie sind Frauen zumeist Gegenstände zur Befriedigung von Bedürfnissen. Ein Objekt stellt keine Ansprüche, allenfalls muss der Benützer zwecks längerer Haltbarkeit gelegentlich Unterhaltskosten bezahlen. Grundsätzlich wird die Frau dann benutzt, wenn dadurch ein Wunsch gestillt oder ein Konflikt geregelt werden kann. Dass man diesen Gegenstand sein Eigentum nennen kann, erhöht je nach Attraktivität und Gebrauchsfertigkeit den Wert des Besitzers. Prinzipiell ist es zweitrangig, ob die Frau für einen kurzen Moment in Besitz genommen oder vom Mann temporär gemietet wird oder ob sie sozusagen im ehelichen Leasing-Vertrag an ihn gebunden ist. Für den Mann ist sie in jedem Fall Mittel zum Zweck.

Es scheint für viele Männer selbstverständlich und gleichzeitig unabdingbar, der Frau, ob unbekannt oder vertraut, übergeordnet zu sein. Diese Machtposition wird in jüngster Zeit teilweise unterlaufen, weil zunehmend mehr Frauen auch in höhere gesellschaftliche Positionen eindringen und der Mann sich beruflich als Untergebener einer Frau vorfinden kann. Der Einfall der Frauen in bisher Männern vorbehaltene Stellungen hat aber noch längst nicht das Ausmass erreicht, um männliches Selbstverständnis in Frage zu stellen. Zu Hause oder in der unmittelbaren Umgebung des Arbeitsplatzes oder auf der Strasse glauben Männer, noch lange das Zepter in der Hand zu haben. Dieses Gefühl von Macht verspüren viele Männer am stärksten, wo sie am abhängigsten sind: in der Sexualität. Das Grundproblem des heterosexuellen Mannes, auf eine Frau angewiesen zu sein, lösen sie mit der Mentalität des Herrschers. Die Frau – gemeint ist ihre Seele, ihr Körper und ihr Geist – steht a priori unter seinem Kommando. Wo auch immer er auf Frauen trifft, potentiell sind sie Objekte seiner Machtbefugnisse. Ordnet sie sich ihm nicht freiwillig unter, muss sie gewärtigen, dass er Mittel der Gewalt einsetzt.

Dadurch, dass dieses Geschlechterverhältnis so unglaublich normal ist und zum Funktionieren unseres Gesellschaftssystems wesentlich beiträgt, fällt es in den meisten Fällen überhaupt nicht auf. Männer und Frauen leben scheinbar friedlich und förderlich zusammen und sind sich der Gewaltbasis ihrer Koexistenz meist nicht bewusst. Erst wenn Frauen die Machtstrukturen hinterfragen oder wenn Männer ihre Dominanzansprüche zu offensichtlich leben oder allzusehr übertreiben, kommt Sand ins Getriebe. Wenn Frauen von Männern in Beziehungen geschlagen werden, vor ihnen fliehen und trotzdem wieder zurückkehren, dann auch deshalb, weil sie nur den Exzess, das Schlagen, als schädigend erleben und die Basis der Gewalt, das Geschlechterverhältnis, nicht erkennen. »*Ausser wenn er betrunken war, war er ganz in Ordnung.*« Diese Ordnung ist der springende Punkt. Sie wird von fast allen Männern und den meisten Frauen gleichermassen nicht in Frage gestellt. Die Ordnung kennt man, sie ist einem vertraut, und sie vermittelt sogar Geborgenheit. Erst wenn Frauen den Zusammenhang zwischen der manifesten Gewalt und dem Geschlechterverhältnis realisieren, kündigen sie das Gefüge und verzichten auf Kompromisse.

Und die Männer? Sie seien auch Opfer der Verhältnisse, hört man in letzter Zeit wieder häufiger[25]. Die männliche Rolle zwinge sie dazu, durchschlagskräftig zu sein. Angesichts der Norm des Erfolgszwanges würden die allermeisten Männer scheitern, da Sonnenplätze im Konkurrenzsystem begrenzt sind. Die Erfolglosen versuchten, ihr lädiertes Selbst an noch Schwächeren aufzupolieren, an den Frauen, den Kindern, den Ausländern. Diese Argumentation legt zwei falsche Schlüsse nahe. Erstens könnte man glauben, dass sexuelle Gewalt vor allem ein Problem männlicher Versager ist und die Erfolgreichen frei von Gewalthandlungen sind. Dieser Folgerung kann aufgrund der Untersuchungsergebnisse widersprochen werden, weil unter den nicht-angezeigten Tätern auch erfolgreiche Berufsleute sind. Zum zweiten ist es irreführend und illegitim, den Männern die Opferetikette umhängen zu wollen. Damit werden sie der Verantwortung für ihr Verhalten entbunden und erhalten fast schon eine Art Freipass für Gewaltaktionen.

Tatsächlich sprachen viele Anrufer von einer Art Notwehrhandlung, in der es darum ging, die Haut zu retten, die Männlichkeit zu beweisen, sich nicht unterkriegen zu lassen, etwas riskieren zu müssen. Ohne direkt davon zu sprechen, gaben sie aber an, worum es tatsächlich bei der sexuellen Gewalt gegen die Frauen ging: um die Wiederherstellung und Sicherung von Macht und Dominanz. Mehr als die Hälfte der Anruferinnen bezeichnet Macht als zentrales Motiv des Mannes zur sexuellen Gewalt. Zählt man das Ausagieren von Wut oder Frustration zum Machtmotiv, sind es sogar über 80 Prozent. Dominanzerlebnisse wollen aber nicht nur scheinbar Zukurzgekommene, gerade auch bei den Erfolgreichen entspricht die Bestätigung, die Ausübung und die Anhäufung von Macht oft einem elementaren Bedürfnis.

Der Begriff Macht wird hier ausdrücklich weit gefasst. Wenn ein Mann sagt, er war neugierig darauf zu sehen, wie das ist, eine Frau zu vergewaltigen, oder wenn ein anderer bekennt, dass die Frau anders mit ihm nicht ins Bett gegangen wäre, sind beide Erklärungen Ausdruck der Absicht, einer anderen Person seinen Willen aufzuzwingen, das heisst, Macht über sie zu gewinnen. Wenn ein solches Vorhaben gelingt, stellt sich ein Gefühl der Kontrolle ein.

Ein Mann, der den Willen einer Frau für eine bestimmte Zeit unter seine Kontrolle zwingt, verletzt ihre Handlungsfreiheit. Die Frau nimmt an, sich grundsätzlich frei verhalten zu können und erlebt durch den Mann eine Einengung ihres Handlungsspielraums. Ihre Entscheidungsfreiheit wird kleiner oder gar ganz aufgehoben. Zumeist versucht die Frau, den alten Zustand wiederherzustellen, sich nicht einfach damit abzufinden, dass sie dem Willen des Mannes zu gehorchen hat [26].

Die Reaktion auf die Freiheitsbegrenzung fiel bei den anrufenden Frauen verschiedenartig aus. Es gab Frauen, die das Erlebnis für eine bestimmte Zeit verdrängten, aus ihrem Gedächtnis strichen und weiterlebten, als sei nichts geschehen. Dadurch wurde es ihnen möglich – zumindest vorübergehend – die Einengung aufzuheben. *»Ich wollte nicht plötzlich auf alles verzichten, was ich so gerne tue: tanzen, mit Menschen reden, fröhlich sein.«* Andere wussten zwar, was es geschlagen hatte, wollten aber dennoch nicht auf ihre Freiheit verzichten. Sie nahmen die Herausforderung an und riskierten, erneut mit der Gewalt konfrontiert zu werden. »*Ich ahnte, dass er mein Nein auch in Zukunft nicht akzeptierte, doch wusste ich auch, dass ich mir das nicht nehmen lassen darf.*« Eine dritte Gruppe von Frauen reagierte mit offener Aggression. Sie wollten sich vom Täter, sofern sie ihn kannten, nichts mehr gefallen lassen, zeigten ihn an und waren gewillt, einen allfälligen Prozess durchzustehen. Sie wollten auch anderen Männern absolut nichts mehr durchgehen lassen, brachen Beziehungen ab, besuchten Selbstverteidigungskurse, rüsteten sich für die Konfrontation. Bis zum äussersten formulierte es eine Anruferin: »*Wenn Männer glauben, ein Recht auf meinen Körper zu haben, müssen sie künftig dafür kämpfen. Bei einem nächsten Mal müssten sie mich töten.*«

Wer sexuelle Gewalt erfahren musste, weiss, welcher Schrecken, welche Angst, welche Demütigung auszuhalten ist. Die allerwenigsten sind auf den Angriff vorbereitet. Wer will schon damit leben, jederzeit Opfer dieser Gewalt werden zu können. Trifft die Gewalt wider aller Vernunft trotzdem ein, wollen die Frauen sich möglichst nicht auch noch die Zukunft dadurch zerstören lassen. Sie wollen nicht täglich die Angst und die Bedrohung zum ständigen Begleiter, sie wollen nicht auf das Menschenrecht des freien Willens verzichten und den Machtansprüchen von Männern ausgeliefert sein.

Die Widerstandsformen gegen die Freiheitsbegrenzung waren bei den Anruferinnen vor allem in den ersten Monaten nach der Tat aktiv. Dann wurden viele von ihnen von der Vergangenheit eingeholt. Sie fanden sich in Situationen vor, die sie an die Tat erinnerten, in denen sie den ganzen Horror wieder erlebten. Viele von ihnen realisierten erst in diesen Momenten, dass sie nie mehr so sein würden wie vor der Tat. Der Gewaltakt wurde zum biografischen Einschnitt, zum zerstörerischen Ereignis. Manche Opfer sexueller Gewalt teilen ihr Leben in ein *vor* und *nach* der Tat ein. Durch die Unmöglichkeit, die Angst zu bannen und das Erlittene zu vergessen, stellte sich bei ihnen ein bis zwei Jahre nach der Tat ein Gefühl der Hilflosigkeit, des Kontrollverlustes ein. Sie wurden passiv und zogen sich zurück. Sie passten sich den Bedrohungen der Umwelt an und fügten sich den Machtansprüchen des Mannes. Je bekannter der Täter ihnen ist, je näher ihr Verhältnis zu ihm war, desto negativer sehen sie die Beziehungen zwischen Männern und Frauen und desto pessimistischer und ablehnender stehen sie sozialen Fragen und dem Staat gegenüber. Der Austausch zwischen ihnen und der Umwelt ist gestört. Der Versuch, die Tat zu überleben, ist im Grunde gescheitert, denn Überleben hiesse, neu anfangen zu können. Und genau das fällt vielen Opfern sexueller Gewalt schwer. Sie stehen, häufig über Jahre, unter dem Eindruck der Tat.

Männer, die sexuelle Gewalt ausgeübt haben, stehen grundsätzlich vor derselben Aufgabe wie die Opfer: Auch sie müssen Wege finden, mit der Tat leben zu können. Die Unterschiede zur Frau sind allerdings schwerwiegend. Der Mann ist Initiator und Ausführender der Gewalt. Er hat sich darauf vorbereitet und war willens, die Handlung durchzuführen. Insofern hat ihn die Situation nicht überrascht, er hatte sie mehr oder minder unter Kontrolle, allenfalls hat sich die Frau anders verhalten, als er es erwartete. Demnach muss er in der Regel die Tat nicht als eine Art Trauma verarbeiten. Er hat alle möglichen Ausgänge vor der Tat überlegt und steht dem Resultat seiner Handlung »distanziert« gegenüber. Er hat nicht seinen eigenen Spielraum eingeschränkt, sondern ihn im Gegenteil erweitert über die Grenzen einer andern Person hinaus.

Erst wenn die Folgen der Tat sichtbar werden, kann es auch für ihn bedrohend werden, steht auch seine Freiheit auf dem Spiel. Dieser Punkt entscheidet darüber, wie Männer als Täter mit sexueller Gewalt im nachhinein umgehen, welche Folgen die Tat auf ihr eigenes Leben hat.

Die wenigen Täter, die von der Polizei verhaftet und vom Gericht zu unbedingten Haftstrafen verurteilt werden, erleiden in gewissem Sinne ein ähnliches Schicksal wie die meisten Opfer: Sie werden um ihre Handlungsfreiheit gebracht. Sie können nicht mehr tun und lassen, was sie wollen. Ihr Wille stösst gegen Mauern und Gitterstäbe. Ihre Begrenzung ist manifester und vielleicht enger als diejenige der Frau, nur steht sie vor der paradoxen Situation, in Freiheit gefangen zu sein. Ihr Gefängnis ist unsichtbarer, ihre Mauern sind ihre Vergangenheit, ihre Bedroher die sie umgebenden Männer und ein Staat, der mehrheitlich auf der Seite des Täters steht.

Dem inhaftierten Mann sind fast alle Privilegien des freien Mannes genommen. Erst noch glaubte er, unabhängig zu sein, nun ist er eingezwängt in ein Disziplinierungssystem. Diesen Verlust an Freiheit und Kontrolle versucht er durch eine Neudefinition der eigenen Person, der Tat und der Realität wettzumachen. Die Mehrzahl der Gefangenen wertet ihr eigenes Selbst auf, sie geben von sich eine gewinnende Beschreibung, die mit der Brutalität eines Gewaltaktes wenig gemein hat. Sie sind zwar mehrheitlich geständig, entschärfen aber gleichzeitig die Tat. Die Schuld wird der Frau oder andern Personen, etwa den Eltern oder den Richtern, zugeschoben. Die Zeit nach der Haft, die Phase der wiedergewonnenen Freiheit wird meist in zuversichtlichen Worten skizziert, dasselbe gilt rückwirkend für die Zeit vor der Tat. Freiheit, die verloren ist, wird zum höchsten Wert. All diese Bemühungen tragen dazu bei, die Haft auszuhalten und die Bedrohung der eigenen Person und damit der Zukunft abzuwenden.

Anders sieht die Lage aus für den Mann, der nicht angezeigt, der nicht öffentlich als Sexualtäter verurteilt wurde. Nur sieben der 35 Männer sind von der Tat und der Reaktion der Frau betroffen, und noch weniger sehen Gründe, ihr Verhalten grundsätzlich in Frage zu stellen. Die grosse Mehrheit dieser Männer sagte, sie hätten gehandelt, wie sie als Männer glaubten, handeln zu müssen. Aus ihrer Sicht haben sie die Gewalt nur als äusserstes Mittel eingesetzt. Es habe in jener Situation keinen andern erfolgversprechenden Weg mehr gegeben. Sie stiessen im Vorfeld der Tat auf eine Freiheitsbegrenzung, weil die Frau nicht wollte, was sie wollten. Und da sie unbeschränkte Fahrt für ihren Willen reklamieren und wenig von der Rede halten, nach der die Freiheit des einen dort aufhört, wo diejenige der andern beginnt, setzten sie ihren Willen konsequent durch. Dadurch, dass sie nicht angezeigt und nicht bestraft wurden, erlitten sie im nachhinein keine Einengung ihrer Handlungsmöglichkeiten. Wie aus den Gesprächen hervorging, bedeutete die Tat sogar eine Verstärkung ihres Machtanspruchs. Das Territorium erweiterte sich. Der Mann setzte seine Phantasie in Realität um. Die wenigsten von ihnen sind bereit oder fähig, sich in die Lage des Opfers zu versetzen. Möglich, dass eine solche einfühlende Anstrengung zu veränderten Haltungen führen könnte.

Noch ein Unterschied ist auffällig zwischen den beiden Gruppen von Männern, den verurteilten und den nicht-angezeigten. Täter hinter Gittern distanzieren sich mehrheitlich von der sexuellen Motivation ihrer Handlung. Sie legen Wert darauf, nicht als Sexualtäter wahrgenommen zu werden. Wenn sie Sex gewollt hätten, wäre das für sie kein Problem gewesen, so ihre Botschaft. Sie wollen nicht als jemand erscheinen, der sich den Zugang zur Sexualität mit einer Frau nur mit Gewalt verschaffen kann. Wenn sie die Tat zugeben, bezieht sich ihr Geständnis auf die Anwendung von Gewalt. *»Ja, ich habe sie mit dem Messer verletzt, ich wollte sie plagen, aber mit Sex hatte das alles nichts zu tun. Sex hätte ich gratis haben können.«* Weil die Tat öffentlich bekannt und der Mann verurteilt wurde, hat er nur die Wahl, alles zu leugnen oder Teile zuzugeben. Im zweiten Fall entscheidet er sich für die Etikette Gewalttäter und gegen das Stigma Sexualtäter. Diese Wahl ist verständlich, da Sexualtäter in der Statushierarchie von Straftätern ganz unten angesiedelt sind. Ein Mann, der Sex mit Gewalt erzwingen muss, ist kein richtiger Mann, lautet die ungeschriebene Regel. Wer will schon zu dieser Kategorie gezählt werden?

In gewissem Sinne umgekehrt stellt sich der nicht-angezeigte Täter dar. Da er nicht überführt wurde, also auch keine Zeugin die Tat oder das Motiv erhellen kann, betont die Mehrheit dieser Männer die sexuelle Zielgerichtetheit ihrer Handlung. Sie bezeichnen sich nicht gerade als Sexualtäter, aber immerhin als erotisch Zukurzgehaltene. Sie mussten der Frau ein wenig nachhelfen, damit endlich wieder was läuft im Bett oder damit eine günstige Gelegenheit nicht ungenützt verstrich. Den Gewaltanteil ihres Vorgehens bezeichnen sie als zweitrangig oder harmlos, denn sonst wären sie ja verhaftet worden. Im Gegensatz zu den überführten Tätern bevorzugen sie das Selbstbild des in Sexualnot handelnden Mannes und lehnen dasjenige des Gewalttäters ab.

Die eine Gruppe der Männer braucht die andere und umgekehrt. Sie sind in der Selbstdarstellung aufeinander angewiesen. Obwohl im Grunde genommen beide dasselbe taten, indem sie eine Frau zu sexuellen Handlungen zwangen, wird der eine dafür bestraft und der andere geht frei aus. Die Nicht-Angezeigten betonen, dass sie mit den Vergewaltigern nichts oder nur wenig gemein haben. Sonst hätte man sie erwischt und bestraft. Ihr Verhalten wurde aber nicht geahndet, damit ist für sie ihre Unschuld erwiesen. Die im Strafvollzug lebenden Männer grenzen sich ebenfalls von den »Notzüchtlern« ab und setzen sich gleich mit den Männern in Freiheit, mithin auch mit den nicht-angezeigten Tätern. Diese haben dasselbe getan wie sie, also wäre es nur gerecht, wenn auch sie selbst in Freiheit leben könnten. Sie wollen wie die draussen unbescholten sein und die Vorrechte der Männer geniessen. Dass ihnen diese Freiheit genommen wurde, wertet dieselbe noch höher auf und bringt die Bestraften den Ungestraften um so näher. Für beide Gruppen von Männern gibt es ein gemeinsames Feindbild: die wirklichen Vergewaltiger. Sie sind der Abschaum, der zu Recht bestraft, kastriert und isoliert werden müsste. Nahezu alle Sexualtäter grenzen sich von diesem Phantombild ab. Dadurch wird das eigene gewalttätige Verhalten unschuldiger, die Art, Mann zu sein, legitimiert.

Die verurteilten Vergewaltiger sind diejenigen, wie es Susan

Brownmiller ausdrückte, welche die Dreckarbeit für alle andern Männer machen, die den Kopf für die andern hinhalten. Die Schrecklichkeit ihrer Taten, genüsslich nachgezeichnet in Boulevardmedien, an Stamm- und Familientischen, macht es für Männer leichter, Kontrolle über Frauen auszuüben und dennoch im Lichte der Unschuld zu erscheinen. Wie viele Männer haben ihren Partnerinnen und Töchtern mit dem Schreckgespenst des Vergewaltigers gedroht, um den Willen der Frauen zur Selbstbestimmung zu ersticken?

Kaum ein Vorurteil gegenüber Sexualtätern hält sich so glänzend wie dasjenige, dass solche Männer in überwiegender Zahl oder gar ausschliesslich aus verwahrlosten, minderen Verhältnissen stammen. Diese, den mittleren oder oberen sozialen Schichten schmeichelnde These wurde in nahezu allen bisherigen Täterstudien bestätigt und herausgestrichen. Die maroden, nicht intakten Familien der untern Schichten sowie die sie umgebende verrohende Subkultur brächten männliche Persönlichkeiten hervor, die zur sexuellen Gewalt neigen. Wenn ein Mann das Pech habe, in einem brutalen Elternhaus aufzuwachsen, auf Strassen, in denen das Gesetz des Stärkeren regiert, und frühzeitig mit Drogen, Prostitution und Arbeitslosigkeit in Kontakt komme, dann sänken seine Chancen vehement, ein anständiges Leben mit Frau und Kindern zu führen. So die vielbeschworene Behauptung. Durchaus möglich, dass gewaltverherrlichende Milieus die Wahrscheinlichkeit verringern, dass jemand zwanglos und friedfertig den Mitmenschen begegnet, aber nichts ist damit gesagt über Kausalzusammenhänge nach der Art: Wer aus dieser Schicht kommt, muss so enden, oder ebenso tollkühn der umgekehrte Schluss, wer sexuelle Gewalt ausübt, muss aus solchen Verhältnissen stammen.

Fast alle Täterstudien begnügten sich mit der Erforschung von verurteilten Tätern. Diese Eingrenzung wurde fatalerweise fallengelassen, wenn es um Folgerungen, um Verallgemeinerungen ging. Dann war plötzlich die Rede von den Tätern schlechthin, von der Gesamtpopulation der gewalttätigen Männer. Die Annahme sei gestattet, dass die eigene Herkunft der männlichen Forscher, meist aus mittleren und oberen sozialen Segmenten, ihren Teil zu diesem schichtspezifischen Trugschluss geleistet hat. Wenn es nur diejenigen aus den Niederungen der Gesellschaft sind, dann haben alle andern damit nichts am Hut und können um so objektiver die Ursachen und Folgen der Gewalt erforschen. Die kritische Selbstreflexion der mittel- und oberschichtsangehörigen Männer fällt dahin. Als ob diese weder in der Phantasie noch in der Realität mit sexueller Gewalt je in Berührung gekommen wären. Schöne heile Welt der Privilegierten. Sie konnte sich an kaum einem Ort so ungefragt behaupten wie in dem der praktischen Sexualität. Täglich wird dieses Luftschloss neu gebaut, getragen durch den Machteinfluss der gewaltausübenden Männer, durch das Anzeigeverhalten der betroffenen Frauen, durch die Untersuchungspraxis und die Gerichtsurteile der Rechtsorgane.

Männer, die über Möglichkeiten verfügen, nach der Tat Druck auf die Frau auszuüben, um sie vor einer Anzeige abzuhalten, werden diese Quellen ausschöpfen. Frauen, die mit dem Täter in Dauerbeziehungen leben, emotional und vor allem sozio-ökonomisch von ihm abhängig sind, die riskieren, dass ihre Welt mit einer Anzeige zusammenbrechen kann, hüten sich in vielen Fällen vor einer Anzeige. Polizei und Untersuchungsbehörde sind nicht unbeeinflussbar, wenn es darum geht, aus welchem sozialen Umfeld der verdächtigte Mann kommt. Je unbefleckter sein Leumund, je anständiger seine Person, je prestigeträchtiger sein Beruf, je wohlhabender seine Herkunft, desto mehr scheinen die Chancen zu steigen, dass in einem sexuellen Gewaltfall die Untersuchungen eingestellt werden. Familienväter, die ihre Steuern pünktlich zahlen und geregelten Arbeiten nachgehen, haben mehr Kredit in den Gerichten als alkoholabhängige, arbeitslose Einzelgänger mit einschlägigem Vorstrafenregister. Der erste scheint vertrauenswürdig, vom zweiten ist kaum anderes zu erwarten.

Wissenschaftlich konnten diese Behauptungen in der Schweiz noch nicht untersucht werden, aber angesichts schichtspezifisch verzerrter Täterstichproben drängen sich Vermutungen auf. Wenn sexuelle Gewalt kein Problem einer Subkultur von Männern ist, dann müssen von der Tat bis zu den Urteilen strukturelle Filter eingebaut sein, durch die die einen fallen und in denen die andern hängenbleiben.

Stellen wir die Herkunft und den beruflichen Status der nicht-angezeigten denjenigen der verurteilten Männer gegenüber. Von den 13 Männern in der Haft stammen acht aus der Unterschicht, fünf werden zur mittleren gezählt und keiner von ihnen gehört der Oberschicht an. Von den 35 nicht-angezeigten Männern stammen 14 aus der unteren, 16 aus der mittleren und fünf aus der oberen Schicht. Die soziale Herkunft ist das eine, der schulische und berufliche Werdegang das andere. Keiner der inhaftierten Täter besuchte das Gymnasium, bei den nicht-angezeigten waren es acht von 35. Mehr als die Hälfte der Verurteilten war als Hilfsarbeiter beschäftigt, der Rest als Facharbeiter oder untere Angestellte. Bei den auf freiem Fuss lebenden Tätern gab es keine ungelernten Arbeiter, dafür ist knapp ein Drittel in mittleren und höheren Positionen beschäftigt, und vier sind Selbständigerwerbende. In bezug auf den Beruf des Täters liess sich aus den Gesprächen mit den Frauen eine noch deutlichere Korrektur der üblichen Täterstichproben ableiten: 27 Männer arbeiteten als mittlere Angestellte oder Beamte. 21 waren als obere Angestellte oder höhere Beamte tätig. Und nochmals so viele wurden als kleinere oder grössere Selbständigerwerbende angegeben. Die übliche Berufsetikette für Täter, nämlich ungelernter oder gelernter Arbeiter, allenfalls unterer Angestellter, umfasst nach diesen Aussagen nicht mehr als 30 Prozent. Die andern 70 Prozent der Täter stammen aus Berufen, die bisher kaum in Täterstudien diskutiert worden sind. Die Aussagekraft dieser Zahlen wird etwas eingeschränkt, weil knapp jede fünfte Frau den Täter nicht kennt und daher auch keine Angaben zu seinem Beruf machen konnte, und weil rund zehn Prozent den Beruf des Täters nicht nannten. Die obigen Angaben beziehen sich deshalb auf 109 der 156 interviewten Frauen.

Wahrscheinlich brauchte es einige Überwindung, als Täter anzurufen und zuzugeben, dass man als Angehöriger einer mittleren und oberen Berufsgruppe sexuell gewalttätig war und damit nicht dem Klischee des mittellosen, tumben Täters entspricht. Gleichermassen ist zu vermuten, dass Frauen Mut brauchten, um über Gewaltverhältnisse in gutsituierten Kreisen zu berichten und damit gegen die offizielle Norm zu verstossen. Aus diesen Gründen ist anzunehmen, dass die Täter- und die Opferauswahl noch immer verzerrt sind in dem Sinne, dass sexuelle Gewalt noch häufiger als hier dokumentiert auch in mittleren und oberen sozialen Lebenswelten vorkommt.

Je mehr Sie sich auf einen Mann einlassen, desto riskanter für Ihre Gesundheit: Geschlechterbeziehungen ohne Illusionen

Wer es für wünschbar hält, dass Frauen und Männer sich kennenlernen und miteinander kommunizieren, und dafür gibt es nicht nur biologische Gründe, begrüsst es möglicherweise, dass zunehmend Frauen die Initiative übernehmen, wenn sie einen Mann kennenlernen wollen. Frauen brauchen nicht länger darauf zu warten, bis der Mann endlich den ersten Schritt wagt, sondern sie können Mann, Ort und Zeit selber festlegen. Dieses veränderte Verhalten ist noch nicht zum Allgemeingut geworden, denn nicht nur die Frau braucht für den Rollentausch Mut, sondern auch der Mann reagiert gelegentlich hilflos und erschrocken auf die weibliche Initiative. Wesentlich für die Diskussion der sexuellen Gewalt ist vor allem, dass Männer und Frauen Rituale und Symbole der Kontaktaufnahme verschiedenartig deuten. Schorsch nannte dieses Phänomen »geschlechtsspezifische Situationsverkennung« [5].

Wenn ein Mann und eine Frau sich kennenlernen, kann es von grosser Bedeutung sein, wer das erste Treffen angeregt hat, wo die beiden hingehen und wer allfällige Kosten des Rendezvous übernimmt. Diese an und für sich harmlosen Faktoren werden von Frauen und Männern verschieden ausgelegt – so die Ergebnisse amerikanischer Studien [27]: Ein Mann nimmt eher an, dass die Frau Sex mit ihm will, wenn sie ihn – und nicht er sie – zum Treffen aufgefordert hat. Auch den Fall, dass die Frau den Mann die Kosten des Rendezvous bezahlen lässt, versteht er als Zeichen ihrer Bereitschaft zur Sexualität. Ist sie bereit, ihn in seiner Wohnung zu treffen, rechnet er auch eher mit einem sexuellen Abenteuer, als wenn sie ins Kino oder in die Kirche gegangen wären. Für Frauen sind solche Varianten der Kontaktaufnahme viel weniger mit Sexualität verknüpft und bedeuten schon gar nicht ihre grundsätzliche Lust auf Sex mit dem betreffenden Mann. Auch unabhängig davon, wer bezahlte, wo das Treffen stattfand oder wer den Anfang zum Kennenlernen machte, interpretierten Männer das Verhalten der Frau immer eher als Einladung zum Sex, als dies Frauen taten.

Männer fühlten sich häufig betrogen, wenn die Frau plötzlich keine Lust auf Sex hatte, obwohl sie – nach Auffassung der Männer – doch eindeutige Zeichen gab, eben zum Beispiel sich das Essen von ihm bezahlen liess. In einem solchen Fall glauben manche Männer ein Recht darauf zu haben, sich die versprochene Gratifikation, das sexuelle Abenteuer, mit Gewalt holen zu können [28]. Am ehesten dieser Meinung sind Männer mit traditionellen Ansichten zu Geschlechterfragen. Dass diese Haltung häufig in Taten umgesetzt wird, beweist die grosse Zahl dieser Form sexueller Gewalt in der vorliegenden Studie. Auch in den Vereinigten Staaten ist das »date rape« (die Vergewaltigung beim ersten Rendezvous) ein ernsthaftes und weit verbreitetes soziales Problem: So wurde mehrfach nachgewiesen, dass rund ein Viertel amerikanischer Studentinnen sexuellen Gewaltangriffen ausgesetzt waren während eines Treffens mit einem neuen Bekannten [29].

Ebenfalls zeigte sich, dass Frauen, die in solchen Situationen vergewaltigt wurden, besonders grosse Probleme hatten, sich im Alltag wieder zurechtzufinden [30]. Diese spezielle Belastung mag darauf zurückzuführen sein, dass eine Frau den Mann, den sie gerade kennenlernte und der sie dann vergewaltigte, nicht unterscheiden kann von allen andern Männern, mit denen sie Kontakt aufnimmt. Auf diese Weise beginnt sie, sämtliche neuen Bekanntschaften zu fürchten, und weiss nicht mehr, wie sie sich verhalten soll. Mehr als in Fällen, in denen der Täter unbekannt oder vertraut ist, fragt sich die Frau, was sie falsch gemacht hat. Sie sucht in ihrem Verhalten nach Ansatzpunkten, die den Mann zur Tat veranlasst haben könnten. Sie fragt sich, ob sie irgendwann zweideutig war, sie sucht nach dem eigenen Schuldanteil.

In den Gesprächen mit den 156 Frauen bestätigten sich die Erkenntnisse aus den amerikanischen Untersuchungen. Frauen, die Opfer des »date rape« wurden, sprachen weniger häufig über den erlittenen Gewaltakt. Wenn sie darüber redeten, erfuhren sie von ihrem Umfeld am wenigsten Unterstützung und am meisten Misstrauen. Unbeteiligte Männer und Frauen argwöhnen am ehesten, wenn sie sich eine sexuelle Gewalttat während eines erstmaligen Rendezvous vorstellen sollen. Die Phantasie der Zuhörer dreht den Spiess um: Wenn die Frau sich mit dem Mann traf, muss sie etwas von ihm gewollt haben, weshalb hat sie sich sonst hübsch gemacht, wozu ging sie sonst abends mit ihm aus, wahrscheinlich hat sie ihn provoziert, sind typische Vorwürfe an die Frau. Das Verhalten der Frau wird reflektiert, dasjenige des Mannes bleibt unbefragt. Er ist eine Art natürliche Konstante. Sie muss sich danach richten, sonst ist sie naiv oder berechnend. Im zweiten Fall sucht sie dann eine Entschuldigung für ein sexuelles Abenteuer. Wenn sich Frauen als Opfer solcher Gewalt schuldig fühlen und ihre Selbstzweifel von der Umwelt genährt werden, werden damit überproportional viele seelische Folgen ausgelöst. Häufiger als bei andern Opfern verarbeitet sie die Tat auf selbstzerstörerische Weise. Sie macht sich unablässig Vorwürfe, isoliert sich, wird suchtgefährdet.

Die Erfahrungen der Frauen mit sexueller Gewalt während des ersten Kennenlernens könnten dazu verleiten, Frauen davon abzuraten, allzu offen und aktiv eine Beziehung mit einem Mann einzugehen. Der Preis für die Selbständigkeit, für die Eigeninitiative sei zu hoch. Solche Empfehlungen gehen entschieden in die falsche Richtung. Frauen würden sich dadurch wiederum dem Verhalten des Mannes anpassen, seine Regeln akzeptieren und die Befreiungsanstrengungen auf halbem Wege abbrechen. Die Forderungen müssen klar an die Adresse der Männer gestellt werden, die ein Rendezvous mit einer Einladung zum Sex verwechseln. Diese müssen ihre Interpretationsmuster revidieren, sie müssen die Regeln des Kennenlernens überhaupt erst begreifen als soziale Situationen zwischen zwei eigenständigen Menschen. Und das Umfeld muss aufhören, sich von Vorurteilen leiten zu lassen, wenn es darum geht, angegriffene Frauen zu unterstützen. Nur werden solche Aufforderungen ungehört verhallen, wenn nicht erkannt wird, welche Vorteile Männer aus diesem sogenannten Situations-Verkennen beziehen. Denn es handelt sich nicht einfach um Missverständnisse, um im Grunde ehrliche Absichten, die etwas plumpen, treuherzigen Männerhirnen entspringen. Das Sozialverhalten solcher Männer intellektuell zu kaschieren, heisst, der Tatsache nicht ins Auge sehen wollen, dass diese Männer auf dem Recht auf die Frau bestehen, auf den altbewährten Regeln des Geschlechterverhältnisses.« *Ich rechnete damit, dass ich mir ihr schlafen könne, sonst hätte sie ja nicht mit mir getanzt und hätte mich nicht noch hereingelassen.*« Dies ist Inbesitznahme der Sexualität der Frau, das Benutzungsrecht als Folge eines Machtarrangements, an das sich Frauen zu halten haben, ansonsten sie von Männern unsanft daran erinnert werden.

Entwickelt sich zwischen einer Frau und einem Mann eine dauerhafte Beziehung, so glauben viele Frauen, damit die Gefahr der sexuellen Gewalt weitgehend gebannt zu haben, zumindest wenn sie ihre engeren Beziehungen auf ihren Auserwählten beschränken und wenn sie sich an die üblichen Verhaltensregeln halten, die Frauen davor schützen sollen, Opfer eines unbekannten Täters zu werden.

Sexuelle Gewalt ist in Partnerschaften von Dauer schwieriger zu identifizieren, weil normale, vom Mann bestimmte Sexualität in solchen Beziehungen häufig kaum zu unterscheiden ist von sexueller Gewalt. Die Frau ist dem Manne ungleich ausgelieferter, wenn sie mit ihm in einer Zweierbeziehung steht. Der Mann ist sich seines Opfers wesentlich sicherer. Dass diese Thesen im besonderen auch die Ehe angehen, ist naheliegend.

Die unheimliche Stütze des Staates

Ähnlich wie vor 20 Jahren ist die Institution Ehe wieder hoch im Kurs. Die Zahl der Eheschliessungen in der Schweiz pro Jahr stieg seit 1985 kontinuierlich an, von knapp 39 000 auf runde 45 000 im Jahre 1988. Die Zunahme sei allerdings überwiegend eine Folge des Babybooms der 60er Jahre, sagen die Statistiker. Dennoch habe die Bereitschaft zur Heirat seit 1978 wieder zugenommen. Rund 70 Prozent der ledigen Frauen und Männer im heiratsintensiven Alter gehen eine Ehe ein. Vor 25 Jahren wurden rund 15 Prozent der Ehen jährlich wieder geschieden. Diese Quote stieg bis 1985 auf knapp 30 Prozent, seither fiel sie wieder leicht auf ungefähr 27 Prozent. Gut jede vierte Ehe wird demnach wieder aufgelöst. Bemerkenswert ist, dass die Scheidungen zu rund zwei Dritteln von Frauen eingereicht werden (Beispiel 1987: von 11 552 Scheidungen wurden 4260 von Männern beantragt). Was können solche Zahlen aussagen?

Zunächst muss der Anspruch revidiert werden, Ehen würden fürs Leben geschlossen. Wenn ein Drittel bis ein Viertel der Ehen wieder geschieden werden, muss angesichts solcher Dimensionen eher von sozialen Experimenten als von zuverlässigen Lebensversicherungen gesprochen werden. Wenn die Chance, dass ein Ehevertrag hält, knapp 3:1 ist, dann scheinen die Ausgangsbedingungen ziemlich risikoreich. Wo sonst lassen Menschen sich auf Verträge ein mit solch unsicheren Zukunftsperspektiven? Natürlich hoffen alle Verlobten, später nicht zur Abbruchquote beizutragen. Verständlich, immerhin heiraten die wenigsten alle paar Monate. Sowohl die Anzahl Scheidungen als auch der Umstand, dass Frauen beinahe doppelt so oft die Initiative zur Scheidung übernehmen, aber auch die drei Viertel der Ehen, die Bestand haben, geben Anlass zu Fragen zur sexuellen Gewalt:

Wie viele Scheidungen wurden eingereicht, weil der Ehemann die Gattin sexuell ausbeutete? In wie vielen dieser Fälle gibt die Frau einen andern Scheidungsgrund an, weil sie über die Demütigungen nicht reden will? Ist es möglich, dass Frauen doppelt so häufig die

Scheidung einreichen, weil viele von ihnen die sexuelle Ausbeutung nicht mehr ertragen, ihre Männer aber durchaus weiter daraus Nutzen ziehen wollen? In wie vielen Ehen, die weitergeführt werden, gehört sexuelle Gewalt zum Alltag? Wie oft hofft die Frau auf eine Besserung, und wie häufig hat sie schon resigniert?

Ob jemand für oder gegen die Ehe eintritt, solche Fragen müssen beantwortet werden, weil sie die Wirklichkeit vieler Menschen betreffen, weil sie jungen Menschen trügerische Illusionen nehmen können, weil sie verheiratete und geschiedene Paare aus dem Gefühl des individuellen Versagens führen und weil sie die private Gewalt zur öffentlichen Angelegenheit machen.

»*Am Anfang der Ehe war er sehr geduldig, als ich ihm von Inzesterlebnissen erzählt habe. Später wollte er dann keine Rücksicht mehr nehmen, er habe mir genug Geduld entgegengebracht, jetzt komme er dran. Er sei ein Mann und brauche Sexualität.*« Diese 29jährige Frau war zum Zeitpunkt ihres Anrufes immer noch mit dem Täter verheiratet. Von Gesetzes wegen hat sie kaum eine Chance, die Gewalt ihres Ehemannes einzuklagen. Sie kann sich zwar auf den allgemeinen Schutz der persönlichen Freiheit (Art. 180 ff. StGB) oder der persönlichen Integrität (Art. 122 ff. StGB) berufen, falls sie das Strafgesetzbuch genügend kennt, aber sie hat nicht die gleichen Rechte wie Frauen, die mit dem Täter nicht verheiratet sind. Wenn sie von ihrem Ehemann vergewaltigt wird, dann ist sie nach geltendem Gesetz nicht vergewaltigt worden, weil dieser Tatbestand »auf den erzwungenen ausserehelichen Beischlaf beschränkt bleibt«[31]. Der Bundesrat ist deutlich genug, wenn er an gleicher Stelle schreibt, dass Opfer einer Vergewaltigung jede Person weiblichen Geschlechts sein kann, »wobei die Ehefrau des Täters als Opfer nicht in Frage kommt«.

Die oberste Exekutive und mit ihr die Gegner einer Reform dieses Ehemänner begünstigenden Artikels sind der Meinung, dass in einer ehelichen Gemeinschaft nie letztlich entschieden werden kann, wer Schuld an der Gewalt trägt. Und ohne Täter keine Strafe. Wie soll ein solches Delikt bewiesen werden, wie soll der Mann plötzlich erkennen können, dass die Ehefrau den Geschlechtsverkehr nicht mehr will, dem sie zuvor so oft zugestimmt hat? Hat sie ihn nicht gar provoziert, ist ihm entgegengekommen und hat ihn dann eiskalt in seiner Erregung stehenlassen? Herrschen nicht gerade in einer Ehe eigene, intime Spielregeln, in die sich der Staat nicht einzumischen braucht? Wobei auch nicht auszuschliessen sei, dass die Ehefrau in einer verkrachten Situation oder im Scheidungsfall eine Vergewaltigung erfindet, um ihren Mann zu erpressen.

Soweit die Argumente derjenigen, die alles beim bewährten alten belassen wollen, denn immerhin, so schreibt der Bundesrat, sei kein parlamentarischer Vorstoss der letzten Jahre bekannt, der verlangt hätte, die Strafbarkeit der Vergewaltigung der Ehefrau einzuführen, und zudem seien mit der Beschränkung auf den ausserehelichen Beischlaf keine schlechten Erfahrungen gemacht worden.

Eine seit 30 Jahren verheiratete Frau sagte am Telefon: »*Zweimal pro Woche will er Sexualität. Sonst macht er einen Kopf und behandelt mich wie den letzten Dreck.*« In solchen unspektakulär normalen Fällen ist sich der Ehemann meist bewusst, dass seine Frau häufig keine Lust auf seine Art der Sexualität hat. Ist sie nicht willig, bestraft er sie mit Schweigen und Verachtung, bis sie ihren Widerstand aufgibt.

Die Befürworter einer Gesetzesreform sind der Ansicht, dass in einer ehelichen Beziehung sich Partner und Partnerin in der Regel so gut kennen, dass beide wissen, wann der oder die andere etwas will oder nicht. Um so verletzender sei es, diese Vertrauensbasis zu missachten. Es müsse Frau und Mann möglich sein, jederzeit sagen zu können, wann sie oder er aufhören will, egal, was zuvor war. Weiter wird darauf hingewiesen, dass in Ländern, in denen eheliche Vergewaltigung strafbar ist, keine Fälle bekannt sind, wonach Frauen aus Rache oder um sich einen Vorteil zu verschaffen, ihren Ehemann wegen Vergewaltigung angezeigt hätten. Die drohende Belastung eines Vergewaltigungsprozesses sei viel zu gross. Es stelle sich die Frage, weshalb der Staat bei ehelichen Vergewaltigungen Berührungsängste zeigt, während er bei andern Delikten zwischen Eheleuten wie Raub, Erpressung und Körperverletzung solche Skrupel weniger kennt.

In den letzten Jahren sind zunehmend weniger Schweizer Bürgerinnen und Bürger gegen eine solche Reform des Notzuchtsartikels. Waren 1985 noch 35 Prozent Gegner einer Strafbarmachung, so sind es 1987 gerade noch 20 Prozent [19]. Über alle Bevölkerungsgruppen hinweg spricht sich immer eine Mehrheit der Bevölkerung für die Strafbarkeit der Vergewaltigung in der Ehe aus. Mit derselben Eindeutigkeit wird das gleiche Strafmass gefordert wie bei ausserehelicher Vergewaltigung. Sexuell ausgebeutete Frauen sollen nicht unterschiedlich behandelt werden. Ob ein Mann seiner Ehefrau oder einer andern Frau sexuelle Gewalt antut, die Strafe soll dieselbe sein können. Damit tritt die Bevölkerung auch dem oft von Gegnern einer

Strafbarmachung gehörten Argument entgegen, Vergewaltigung in der Ehe sei bereits strafbar, einklagbar über andere Gesetzesparagraphen wie Nötigung, Körperverletzung u. a. Solche Vergehen werden durchwegs mit geringeren Sanktionen geahndet als das für Vergewaltigung vorgesehene Strafmass. Gewünscht wird eine äquivalente, in diesem Fall härtere Praxis.

Gegenwärtig existieren in Europa vier unterschiedliche gesetzliche Regelungen zur Vergewaltigung in der Ehe [32]:

1. Der Ehemann ist nicht strafbar
In diesem Fall sind Vergewaltigungen auf den ausserehelichen Bereich beschränkt. Der Ehemann bleibt bei einer solchen Handlung gegen seine Ehefrau von Strafbarkeit ausgeschlossen. Diese Rechtssituation gilt zur Zeit für die Schweiz und einige weitere europäische Länder (siehe Tabelle 2).

2. Keine Ausklammerung der Ehe (sog. »silent statute«)
Der Ehemann wird nicht ausdrücklich von Strafbarkeit ausgenommen. Demnach ist eheliche Vergewaltigung als Straftatbestand nicht ausgeschlossen. Den Gerichten bleibt die Entscheidung überlassen, wie sie diesen Status zu interpretieren haben. Diese Regelung führen eine ganze Reihe von europäischen Ländern in ihren Gesetzesbüchern.

3. Strafbarkeit bei getrenntlebenden Ehegatten
Vergewaltigung in der Ehe soll dann strafbar sein, wenn die Ehegatten aufgrund einer gerichtlichen Entscheidung getrennt leben. Wenn die eheliche Gemeinschaft also unterbrochen ist, soll für die Frau keine Pflicht mehr zum Geschlechtsverkehr bestehen. In Europa gilt diese Rechtssituation in drei Ländern.

4. Strafbarkeit bei zusammenlebenden Ehegatten
Die Vergewaltigung der Ehefrau ist auch in einer formal intakten Ehe gesetzeswidrig. Das sexuelle Selbstbestimmungsrecht gilt für die verheiratete Frau genauso wie für die unverheiratete. Diese unzweideutige Regelung hat zur Zeit in vier europäischen Ländern Bestand.

Tabelle 2:
Europäische Rechtssituation bzgl. Vergewaltigung in der Ehe [33]
Stand: Juli 1989

	nicht strafbar	"silent statute"	Getrennt-lebende	Zusammen-lebende	Gesetz in Beratung
Belgien		x			x
BRD	x				x
CSSR		x			
Dänemark		x			
DDR	x				
England			x		
Finnland	x				x
Frankreich		x			
Griechenland	x				
Irland	x				x
Italien		x			x
Jugoslawien			x		
Luxemburg		x			
Niederlande				x	
Norwegen		x			
Österreich				x	
Polen		x			
Portugal		x			
Schottland		x			
Schweden				x	
Schweiz	x				x
Spanien		x			
UdSSR				x	
Ungarn			x		

143

Tabelle 2 zeigt auch, dass Vergewaltigung in der Ehe nicht nur in der Schweiz, sondern gleichzeitig in andern europäischen Staaten Gegenstand parlamentarischer Debatten ist. In diesen Beratungen und Initiativen geht es darum, Vergewaltigung in der Ehe als Straftatbestand anzuerkennen, sei es nur für Getrenntlebende (Kategorie 3) oder für Zusammenlebende (Kategorie 4). Beispielsweise haben in jüngster Zeit die Niederlande und Österreich die Strafbarkeit eingeführt. Vorreiter all dieser Entwicklungen sind die Vereinigten Staaten. Unter dem Druck der Frauenbewegung sind seit 1977 in fast allen 50 Bundesstaaten der USA die Strafgesetzbücher revidiert worden, zum grössten Teil im Sinne der vierten Regelung, nach der die Strafbarkeit auch für zusammenlebende Eheleute gilt.

Nach sechsjähriger Beratung machte 1977 eine schweizerische Expertenkommission den Vorschlag, die Beschränkung auf den »ausserehelichen Beischlaf« im Gesetzestext aufzuheben. Künftig sollte nur noch von einer Person weiblichen Geschlechts die Rede sein, die mit Gewalt oder Drohung zum Beischlaf gezwungen wird. Die meisten Kantone und fast alle Parteien erklärten sich aufgrund einer Vernehmlassung mit dieser Änderung einverstanden. Der Bundesrat aber vollzog 1985 eine Kehrtwendung und will weiterhin an der Begrenzung auf »aushereheliche« Vorfälle festhalten. Nachdem der Ständerat sich 1987 für eine Strafbarmachung bei getrenntlebenden Eheleuten aussprach, liegt nun das Geschäft beim Nationalrat. Die vorberatende Kommission des Nationalrates kam im Mai 1989 einstimmig zum Schluss, Vergewaltigung in der Ehe sei grundsätzlich unter Strafe zu stellen.

Sollte die Reform abgelehnt werden, muss mit einer negativen Signalwirkung gerechnet werden. Männer und Frauen würden sich bestätigt fühlen, die einen in ihrem Dominanzanspruch, die andern in ihrer Diskriminierung. Wer sich gegen eine Änderung ausspricht, verhüllt mehr oder weniger deutlich die Tatsache, dass es ein Privileg für Ehemänner sein soll, jederzeit ohne Rücksicht auf den Willen der Ehefrau den Geschlechtsverkehr zu vollziehen.

Wie häufig kommen Vergewaltigungen in der Ehe vor? Rund jeder zehnten erwachsenen Person ist in der Schweiz persönlich ein Fall ehelicher Vergewaltigung bekannt[19]. Vor allem in den Grossstädten erhöht sich dieser Anteil, im besonderen bei ledigen Befragten (21 Prozent). Mehr als vier Fünftel sind der Meinung, die Ehefrau müsste ihren Mann anzeigen, wenn sie von ihm zum Geschlechtsverkehr gezwungen wird. Gleich viele sind der Ansicht, die Frau hätte Grund, die Scheidung zu verlangen, wenn solche Gewalt einmal oder häufiger vorkommt.

Wenn die Bevölkerung der ehelichen Vergewaltigung so ablehnend gegenübersteht und Massnahmen vom Gesetzgeber fordert, wie war es dann möglich, dass so lange der Schleier des Nicht-wissen-Wollens über dieser Form sexueller Gewalt lag?

Eine Antwort kann in den sozialpsychologischen Entstehungsbedingungen ehelicher Vergewaltigung gefunden werden. Die Gespräche mit den von ihren Ehemännern vergewaltigten Frauen haben gezeigt, dass ihre Ehen meist nicht vom ersten Tag an unter dem Zeichen offener sexueller Gewalt standen. Die Ausbeutung bahnte sich ihren Weg oft auf unscheinbare Art und Weise.

»Am Anfang hatte er noch Verständnis, war nicht so grob und achtete darauf, ob ich auch Lust habe. Als ich dann nicht mehr so häufig und nicht immer in der gleichen Art wollte, war er beleidigt und wütend. Er beschimpfte mich, bis ich nachgab. Von da an hat er sich immer geholt, was er wollte.« Diese 48jährige Ehefrau äusserte Verständnis für ihren Mann, denn Männer müssten eben im Berufsleben stark und fordernd sein. Da fiele es ihnen schwer, zu Hause umzudenken. Ihre Ansicht passt zur Argumentation eines gegen seine Frau gewalttätigen 46jährigen Ehemannes: *»Frauen sind von Natur aus passiv und zurückhaltend und haben auch weniger Freude an der Sexualität. Da muss ich, ab und zu, ohne brutal sein zu wollen, meiner Frau etwas nachhelfen, sonst läuft gar nichts mehr.«* Viele Ehefrauen fügen sich ihrem Mann freudlos, weil sie es lieber über sich ergehen lassen wollen, als ständig Vorwürfe hören zu müssen. Durch diese schweigende Anpassung wird der Charakter der Vergewaltigung lange Zeit verleugnet. Aus einer Vergewaltigung wird normale Sexualität. Deshalb fordern betroffene Frauen, Vergewaltigung auch dann anzuerkennen, wenn keine Gewalt oder Drohung ausgeübt wurde. Manche der befragten Frauen mussten sich nach vielen Jahren Ehe eingestehen, dass sie seit langem systematisch von ihrem Ehemann vergewaltigt wurden.

Bei den ersten erzwungenen Versuchen eines Geschlechtsverkehrs hofften die Frauen, auch aufgrund von Entschuldigungen und Versprechungen des Ehemannes, dass er sich wieder ändern würde, wenn sie ihn nur zufriedenstellt und ihm keinen Grund zur Gewalt gibt. Solange Hoffnung da ist, solange Reste von Zuneigung übrig sind, geben Ehefrauen nicht auf. Verändert sich die Situation nicht oder verschlimmert sie sich gar, dient die Realitätsleugnung der Aufrechterhaltung einer positiven Identität und beansprucht gleichzeitig die Energie, die zum Widerstand gebraucht würde. Wenn sich die Frau das Elend ihrer täglichen Vergewaltigung zugibt, verliert sie jede Achtung vor sich selbst. Sie glaubt – bedingt durch das verhängnisvolle Schweigen anderer Frauen –, ein Sonderfall zu sein. Das Thema ist gesellschaftlich tabuisiert, die weitverbreiteten Vorurteile bedrängen die betroffene Frau und erzeugen in ihr Schuldgefühle und Selbsthass. Sie wird zum doppelten Opfer, zu ihrer eigenen Feindin. Nur eine vollständige Verdrängung dieser Wirklichkeit erlaubt ihr das Ausüben einer scheinbar normalen Ehe. Hinter der Verdrängung stehen meist abgrundtiefe Abscheu und Wut gegen den einstigen Vertrauten, gegen das männliche Prinzip überhaupt. Ihre Abhängigkeit lässt ihr kaum Alternativen offen. Wohin soll sie mit ihren Demütigungen, wer glaubt ihr, wie kann sie sich alleine oder mit Kindern durchbringen? Das System steht auf der Seite des Täters.

Erst die Gründung von Frauenhäusern, die Offenlegung von Misshandlungsbeziehungen eröffneten neue Perspektiven. Frauen beginnen sich dann zu widersetzen, wenn sie Eigenverantwortung übernehmen und ihre Schuldgefühle aufgeben. Je mehr sich Frauen in Bildung und Beruf qualifizieren, desto mehr bieten sich ihnen Alternativen im Konfliktfall mit dem Ehemann. Für ungelernte Frauen und solche, die lange wegen Kindern und Haushalt die bezahlte Arbeit unterbrechen, ist es wesentlich schwieriger, ein neues Leben zu beginnen. *»Wahrscheinlich habe ich auch Angst vor dem Alleinsein. Wir leben materiell gut, ich hätte Sorgen wegen der finanziellen Situation.«* Die sozioökonomische Benachteiligung der Frau auf dem Arbeitsmarkt (z. B. beschränkte Berufswahl, geringere Karrierechancen, Lohnungleichheit) wirkt sich aus, wenn die Frau Wege zur Unabhängigkeit beschreiten will. Lohndifferenzen zwischen Mann und Frau führen oft dazu, dass im Falle einer Familiengründung die Frau ihren Beruf aufgibt zugunsten der Karriere des Mannes, der Führung des Haushaltes und der Betreuung der Kinder. Wenn sie trotz ihrer Abhängigkeit die Ehe kündigt, warten auf sie die nächsten Hürden: Probleme als Wiedereinsteigerin, die beschränkte Anzahl von qualifizierten Teilzeitstellen und die Knappheit von Kindertagesstätten. Die Gesellschaft stützt die traditionelle Familie und zeigt wenig Verständnis für Ausbrecherinnen.

»Ich hätte Schuldgefühle, wenn ich ihn verlassen würde. Ich denke, es könnte ihm etwas zustossen. Er droht oft mit Selbstmord.« Manche Frauen

scheinen, wie diese 56jährige Ehefrau, in der Stunde der Gewalt mehr Einfühlungsvermögen für den Misshandler aufzubringen als für sich selbst. Neben der sozio-ökonomischen Abhängigkeit lebt hier auch ein Stück anerzogener »Mütterlichkeit« weiter, eine Hoffnung, dass es irgendwann mit dem missratenen Ehemann-Sohn besser wird, ein Gefühl der Schuld, mitverantwortlich zu sein, eine Art Resignation, dass es halt immer so war: hinhalten und schweigen. *»Die andern haben es auch nicht besser«*, eine Erklärung für Passivität? *»Ich sagte meinem Mann, ich tue es nur noch ihm zuliebe.«* Ist das Liebe, oder hat sich diese 42jährige Frau – wie es Christina Thürmer-Rohr ausdrückt – in die männliche Logik hineingedacht, akzeptiert sein Recht und ihre Pflicht[34]?

Die Härte der Frau gegen sich selbst soll den Ekel vor dem Mann und den Hass gegen die eigene Person verdecken. Sexuelle Gewalt in der Ehe führt oft zu einem vollständigen Vertrauensverlust gegenüber heterosexuellen Partnerschaften. Mehr als bei der Frau, die von einem fremden Mann überfallen wird, ist bei der vom Ehemann traktierten Frau die Beziehungsfähigkeit zerstört. Sie kann Wälder und dunkle Strassen meiden, aber was soll sie mit den Männern tun? Solange sie sich nicht grundsätzlich von Beziehungen mit Männern abwendet, wird sie mit dem Erlebten konfrontiert. *»Ich will nicht allein sein. Aber sobald mir ein Mann zu nahe kommt, verschliesst sich alles.«*

Können Ehemänner sich vorstellen, was sie ihren Ehefrauen antun? Kann ein Mann sich überhaupt vorstellen, was es heisst, vergewaltigt zu werden, wenn er es als Kind oder Mann nicht selber erfahren musste? Ist es möglich, sich in eine Welt der täglichen, spürbaren Bedrohung hineinzuversetzen? Würde ein solches Einfühlungsvermögen zu Verhaltensänderungen führen? Die Gespräche mit den gewalttätigen Ehemännern haben gezeigt, dass der Mehrzahl von ihnen bewusst ist, welchen Zweck ihr Handeln hat. Kaum einer beharrt auf der abgetakelten Leier vom unbezähmbaren Sexualtrieb, sondern sie sprechen vom Anspruch auf Sexualität. Dieses jederzeit einlösbare Recht wird ihnen von ihrer Frau streitig gemacht, mithin ein Angriff auf ihre Führungsrolle, auf ein althergebrachtes Privileg. Sexualität wird damit zum Austragungsort eines Machtkonflikts. Damit die Ehefrau sich seinen Weisungen fügt und ihn in seiner Position nicht in Frage stellt, muss der Ehemann sie unter Kontrolle haben. Im Tummelfeld von Ehe und Familie fühlt er sich stark, gross und unnachgiebig. Wo sonst, ausser vielleicht im Kriegsfall, kann er dieses Gefühl so uneingeschränkt erleben? Ein Mann, der seine dreijährige Tochter sexuell ausbeutete, brachte diese Erfahrung auf den Punkt: »*Hier war ich endlich das, was man von mir erwartete.*« (Zitat aus einem amerikanischen Dokumentarfilm über sexuelle Ausbeutung von Kindern.) Das Erleben der Angst und der Ohnmacht der Misshandelten, die Besetzung eines Körpers als Ersatz für mangelnde Identität. Solange die gesellschaftliche Diskriminierung der Frau Bestand hat, solange Männer Frauen finden, die sie unter ihre Macht zwingen können, ist zu befürchten, dass Männer auf dieses Handeln nicht verzichten werden.

Zurück zur Gesetzesreform. Was könnte eine Strafbarmachung der ehelichen Vergewaltigung bewirken? Sicher nicht das Ende der ehelichen Gewalt und sicher keine Flut von Prozessen. In Schweden, wo Vergewaltigung in der Ehe seit einigen Jahren strafbar ist, gab die nationale Gesundheitsbehörde bekannt, dass von allen angezeigten Vergewaltigungen etwa 15 Prozent ehelicher Art sind (verheiratete und geschiedene Paare). Wesentlich scheint, dass die alltägliche sexuelle Gewalt in Ehe und Familie öffentlich gemacht wird. In den Vereinigten Staaten wird betont, dass sexueller Missbrauch durch Ehemänner die verbreitetste Art sexueller Ausbeutung ist [35]. Solange eheliche Vergewaltigung ein soziales Tabu ist, müssen Daten über dieses Phänomen mit Vorsicht gelesen werden. Es muss darum gehen, dieses Tabu zu durchbrechen.

Durch eine solche Gesetzesänderung könnten sich in Männern und Frauen Bewusstseinsprozesse anbahnen, die zu respektvolleren Lebensgemeinschaften führen. In Medien müssen Frauen über die erfahrenen Verletzungen und Demütigungen sprechen dürfen. Nicht Frauen müssen sich vor der männlichen Gewalt in Frauenhäuser retten, sondern gewalttätigen Männern sollte der Zugang zur ehelichen Wohnung, zum nachbarlichen Umfeld verboten werden, und sie sollten in Männerhäusern, das müssen keine Gefängnisse sein, die Suche nach den Ursprüngen ihres Handelns und nach konkreten Veränderungsmöglichkeiten beginnen.

Das Ja-Wort der Frau auf dem Standesamt bedeutet keine generelle Einwilligung zum Geschlechtsverkehr mit dem Mann, widerrufbar nur durch Scheidung der Ehe. Ein Austauschverhältnis, in welchem der Mann finanziell für Frau und Kinder zuständig ist und die Frau als Gegenleistung den Mann mit Liebe, Wärme und Sexualität versorgen muss, baut auf Gewalt. Ehemännern soll bewusst werden, dass erzwungener Sex mit der Ehefrau strafbar ist, dass sie kein Recht auf den Körper und die Sexualität der mit ihnen verheirateten Frauen haben. Und Ehefrauen werden wissen, dass sie sich solche Angriffe nicht gefallen lassen müssen und der Staat im Konfliktfall auf ihrer Seite steht [36].

Voraussetzungen zur Gewaltanwendung

Die Frage an die jungen Männer lautete: Würden Sie eine Frau zu sexuellen Handlungen zwingen, wenn Sie sicher wären, ungeschoren davonzukommen? Das Fazit: Mehr als die Hälfte der Befragten sagte ja. Die Untersuchung wurde mehrmals durchgeführt, vielleicht weil das Resultat so unglaublich schien [37]. Die 50 Prozent wurden nie unterschritten, vereinzelt stieg der Ja-Anteil auf 75 Prozent. Die Befragungen fanden statt in den Vereinigten Staaten mit mehrheitlich weissen Psychologiestudenten aus der Mittelschicht. Daher kann ein Transfer auf europäische Verhältnisse nicht zwangsläufig gemacht werden.

Jedes Verbrechen hat zwei vorrangige Ziele: Erstens soll die Tat mit Erfolg abgeschlossen werden, und zweitens sollen dem Täter keine nachteiligen Folgen entstehen. Diese sollen die andern, in unserem Fall die Frauen, tragen. Der Delinquent will belohnt werden und nichts dafür bezahlen. Die grosse Mehrzahl der untersuchten Gewalttäter plante und überlegte sorgfältig, um beide Ziele, Erfolg und Straffreiheit, zu erreichen. Die meisten Täter erfüllen sich den Zweck ihrer Handlungen. Nur eine Minderheit muss mit einer Bestrafung rechnen. Warum die hohe Erfolgsquote und die niedrige Bestrafungsbilanz?

Die beiden Phänomene sind miteinander gekoppelt, da beide in demselben gesellschaftlichen Umfeld stattfinden, welches Gewalt gegen Frauen, wenn nicht herausfordert, so doch zumindest begünstigt. Die herrschenden Normen und Regeln und die Alltagserfahrungen beider Geschlechter ermutigen Männer zu sexuellen Gewalthandlungen gegen Frauen, oder zurückhaltender formuliert: Männer werden nicht entmutigt. Trotz eines verfassungsrechtlichen Gleichstellungsartikels sind wir weit davon entfernt, dass Frauen gleiche Chancen und vor allem gleichviel Macht in Staat und Wirtschaft besitzen. Frauen werden häufig – von Minderheiten abgesehen – immer noch als Wesen einer unteren Kategorie betrachtet. Dass sieben Männer an der Spitze des schweizerischen Staates stehen, ist nur ein Ausdruck davon. Führungsqualitäten lernt man in männlich dominierten Unternehmungsleitungen und im Militär. Und dass dies noch lange so bleiben soll, dafür sorgt eine ausgezeichnet organisierte Männerschaft. Die wenigen Frauen, die Spitzenpositionen innehaben, haben die Männerlogik internalisiert, allerdings gibt es auch hier ermutigende Ausnahmen.

Der gesellschaftliche Rahmen bildet die Grundlage für gewalttätige Aspirationen des Mannes. Er ist der oft von ihm unreflektierte, weil selbstverständliche Hintergrund, das Bettgestell für die Gewaltakte. In dem der Tat vorausgehenden Entscheidungsprozess spricht dieser Rahmen für die Ausführung der sexuellen Gewalt.

In gleichem Sinne bestärkt fühlen sich potentielle Täter, wenn sie zu den Erfolgreichen unseres Wettbewerbssystems zählen. Ein Mann wird sich eher eine Chance ausrechnen, ungestraft eine sexuelle Gewalttat ausführen zu können, wenn er über Ressourcen wie hohes Einkommen, gesellschaftlichen Einfluss und ein makelloses Image verfügt. Er weiss aus Erfahrung, dass diese Pluspunkte im Zweifelsfalle für ihn und gegen das Opfer sprechen, denn wer glaubt schon, dass ein erfolgreicher Mann mit Familie und solider Herkunft sexuelle Gewalt nötig hat. Entweder sind das Lügengeschichten, oder er wurde bis zum letzten provoziert und musste als Mann reagieren. Gewalttäter, die nach objektiven Kriterien nicht zu den gesellschaftlich Erfolgreichen gehören, hätten Grund, hier ein Risiko zu sehen, doch neigen viele von ihnen dazu – und hier sind sie männliche Norm –, ihre Bedeutsamkeit zu überschätzen. Ausserdem verlassen sie sich auf den Rückhalt des patriarchalen Systems.

Wesentlich für den Entscheidungsprozess für oder gegen die Ausübung sexueller Gewalt sind auch die persönlichen Überzeugungen allfälliger Täter. In zahlreichen Untersuchungen wurde nachgewiesen, dass in Schwarz-Weiss-Kategorien denkende Männer, die sich gerne auf Autorität und Ordnungskräfte berufen, Frauen gegenüber cher traditionell eingestellt sind. Wer rigide und intolerante Ideologien vertritt und Frauen feindlich gegenübersteht, ist auch eher geneigt, sexuelle Gewalt zu verteidigen und bei Gelegenheit anzuwenden [38].

Soweit die gesellschaftlichen und personalen Faktoren, die entscheidend dazu beitragen, ob sexuelle Gewalt verurteilt wird oder nicht. Wenn ein potentieller Täter, mehr oder minder bewusst, diese Voraussetzungen als genügend günstige gewertet hat und sich dann von vornherein sicher ist, keine allzu grossen Risiken einzugehen, wird er sich an die konkrete Planung der Gewalttat machen. Die logistische Arbeit entscheidet im besonderen darüber, ob mit oder ohne Erfolg sexuell ausgebeutet wird.

Die Auswahl des Opfers und die Bestimmung der Tatumstände sind parallele Prozesse. Beide sollen die Chancen für den Mann optimieren, ohne unangenehme Überraschungen zum Ziel zu kommen. Ein unbekanntes Opfer, über das der Täter keine Kenntnisse besitzt, ist ein Risikofaktor. Er weiss nicht, wie die Frau sich wehren wird, er weiss nicht, über welche Machtmittel während des Überfalls und nach der Tat sie verfügt. Als Opfer vorteilhafter eingeschätzt werden Bekannte, Freundinnen und vor allem Ehefrauen. Ihre Reaktionen sind für den Mann berechenbarer. Während und nach der Tat wird er versuchen, ihr Verhalten zu manipulieren, sie davon zu überzeugen, dass eine Gegenwehr oder eine Anzeige keinen Sinn hat, weil sie sich schon kürzere oder längere Zeit kennen. Er wird auf Beziehungskonflikte, auf Missverständnisse und auf Provokationen der Frau hinweisen.

Wenn das Opfer mit dem Täter verheiratet ist, ergibt sich die Wahl des Tatortes und der Tatzeit meist von selbst: nachts im Ehebett. Gleiches gilt für eheähnliche, langjährige Partnerschaften. Im Falle von losen Bekanntschaften wird der Täter ebenfalls versuchen, eine Umgebung auszuwählen, in der keine Störungen von aussen zu erwarten sind und die als normales Feld für sexuelle Handlungen angesehen wird, beispielsweise die Wohnung des Opfers oder des Täters. Gelingt ihm diese Wahl, hat er die Risiken, nicht zum Erfolg zu kommen und bestraft zu werden, minimiert. Der beste Fall für ihn stellt sich dann ein, wenn er keine direkte, offene, physische Gewalt einsetzen muss, sondern die Situation, das Machtungleichgewicht und die zu erwartenden Umweltreaktionen dafür sorgen, dass der Gewaltakt wie natürlich und automatisch abläuft: Kein verantwortlich Handelnder, sondern eine Szene, die den Akteuren keine andere Wahl lässt.

Dieses ganze Bündel von Voraussetzungen sind die für den Mann abzuwägenden Bedingungen sexueller Gewalt. Jeder Faktor für sich allein ist selbstverständlich keine Garantie für Erfolg oder Straffreiheit. Denken wir daran, dass von den interviewten 13 verurteilten Tätern neun das Opfer kannten oder ihm sogar vertraut waren. Damit hatten sie zwar die Möglichkeit, die Abhängigkeit der Frau auszunützen, jedoch sprachen im Endeffekt andere Faktoren für ein Strafurteil, so zum Beispiel das Vorstrafenregister, ihr niederer sozioökonomischer Status, das hohe Gewaltausmass oder stichhaltige Beweise.

Männer, die Frauen sexuell ausbeuten wollen, gehen zwangsläufig durch einen solchen Entscheidungsprozess hindurch. Zusammengefasst orientieren sie sich an folgenden Kriterien:

Gesellschaftliche Voraussetzungen:
 – Politisches, wirtschaftliches und rechtliches System
   u. a. in welchem Mass verfügen Männer über mehr gesellschaftliche Macht und Kontrolle als Frauen; wie sanktioniert das Recht sexuelle Gewalt
 – Kulturelles System, Werte und Normen
   u. a. wie verbreitet und anerkannt ist Gewalt als Mittel zur Lösung persönlicher Konflikte; wie stark dominieren traditionelle Geschlechterbilder

Personale Voraussetzungen:
 – Nationalität
 – Herkunft
 – Bildung und Beruf
 – Zivilstand, Kinder
 – Leumund
 – Politischer und wirtschaftlicher Einfluss
 – Einstellung zu Gewalt, Sexualität, Ordnung, Gleichberechtigung

Situationale Voraussetzungen:
 – Art der Beziehung zum Opfer
 – Sorgfalt in der Planung der Tat
 – Tatzeit, Tatort
 – Gewaltmittel

Je nachdem, wie diese Voraussetzungen sich im Einzelfall darstellen, kann ein potentieller Täter sich ausrechnen, wie gross seine Chancen ungefähr wären, dass er wegen einer sexuellen Gewalthandlung belangt würde oder im Falle einer Anzeige eine Verurteilung zu gewärtigen hätte. Auf einen Blick gebracht, ergibt sich ein Modell des fast schon perfekten Verbrechens (siehe Abbildung 9).

Abbildung 9:
Modell des fast schon perfekten Verbrechens

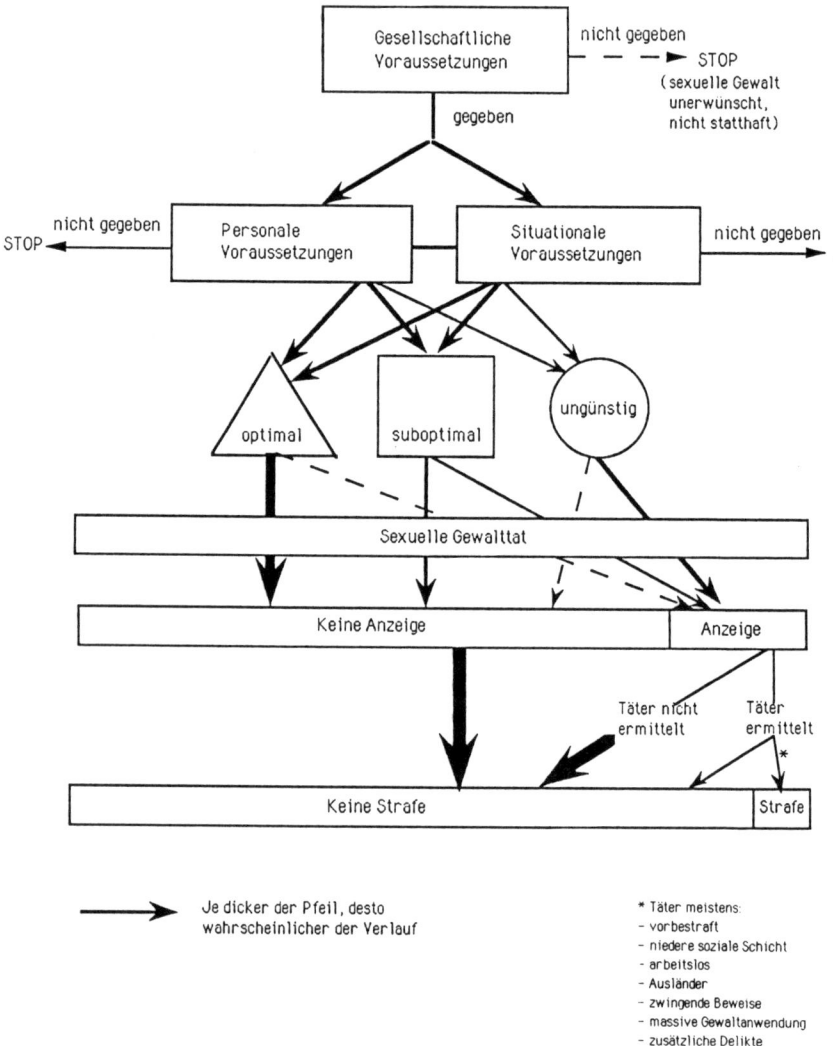

Die zum Ziel gekommenen, ungeschoren gebliebenen Täter fühlen sich bestätigt und legitimiert in ihrem Tun. Dies wiederum zementiert männliche Übergriffe und belohnt kriminelles Handeln. Für die Frauen als Opfer dieser Gewalt verfestigen sich Gefühle der Ohnmacht, der Wut und der Erniedrigung. Wen dieses Modell, diese Wirklichkeitsabbildung empört und wer sie verändern will, der und dem bieten sich verschiedene Möglichkeiten zum Handeln.

Wege aus der Gewalt: Wie Männer den Kopfstand, Frauen den Aufstand und die Gesellschaft den Beistand lernen müssen

A. Männlicher Kopfstand

»Der Mann trägt Schuld an der sexuellen Gewalt gegen die Frau.« Ein banaler Satz. Doch ihn auszusprechen oder ihn gar zu begründen, ist fast schon zu einem Verstoss gegen die Sitten der Erkenntnis geworden. Im heutigen Jargon postmoderner Abgeklärtheit spricht Mann und Frau von einer allmächtigen, übergeordneten Struktur. Dieses Unding ziehe an den Gliedern und Gehirnen der Menschen, als ob sie Marionetten seien. Alle würden zu Opfern derselben Maschine. Sie spucke Männer aus, die zu sexueller Gewalt neigen, und Frauen, die solche erleiden müssen. Eine solche Vorstellung impliziert den Tod des Subjekts, die Abkehr von der Handlungsfreiheit und vor allem den Abschied von der Verantwortung. Walter Hollstein, ein Anhänger dieser Theorie, meint: »Der Mann als Individuum ist (...) der männlichen Hegemonie als historisch gewachsenes Prinzip unterworfen.« [25] Wer dieser Ansicht nicht folgen mag, wird als vereinfachender, subjektvernarrter Geschichtsklitterer diffamiert. Als jemand, der nicht differenziert zu analysieren versteht, als ein Blinder auf der Suche nach Sündenböcken. Soll aber mit einer solchen Theorie nicht das eben Aufgedeckte, nämlich die Ursachen der Ausbeutung der Frau, raschmöglichst wieder verscharrt werden? Gewiss sind Tradition und gesellschaftliche Verhältnisse Grundlagen sexueller Gewalt, aber warum muss die Schuld der handelnden Männer kaschiert werden? Ist persönliche Schuld ein derart belasteter Begriff geworden in einer Zeit, in der viel von kollektiver Verantwortung und globaler Zerstörung die Rede ist? Macht das Schuld-Erkennen krank und handlungsunfähig?

Die wenigsten Täter sind klinisch pathologische Fälle, die in einer zwanghaften Handlung gewalttätig werden, sondern vielmehr sind es Durchschnittsbürger, die fast immer eine Alternative zur sexuellen Gewaltausübung haben. Der springende Punkt ist, dass die sexuelle Gewalt ihnen attraktiver erscheint, ihnen mehr Nutzen verspricht als der Verzicht darauf. Auch wenn Männer trainiert werden, Erfolg zu haben, sich nichts bieten zu lassen, sich durchzusetzen, sind sie von ihrer Sozialnatur her keine Automaten. Ihre Handlungsmöglichkeiten sind in der Praxis nicht unbegrenzt, aber sie haben in der Regel die freie Wahl für oder gegen sexualisierte Gewalt. Unbestritten, dass eine gesellschaftliche Struktur sich teilweise verselbständigt, als sich stabilisierendes Sozialmonster, aber ebenso unbestritten, dass es Akteure gibt, die diese Verhältnisse wollen, sie ernähren und aus ihnen Profit ziehen. Wenn eine Ehe – um eine relativ einfache Struktur zu nehmen – etabliert ist, dann stellt sie ohne Zutun der Eheleute Ansprüche und legt Normen und Regeln fest. So etwa die Norm, eine sexuelle Gemeinschaft zu sein. Aber ob diese Norm mittels Gewalt aufrechterhalten werden soll, ist Sache der Beteiligten. Allzuleicht wird das strukturelle Argument dazu verwendet, männliches Verhalten zu entschuldigen oder gar zu rechtfertigen.

Um auf die traditionelle Option sexuelle Gewalt zu verzichten und damit von diesem schuldhaften Verhalten wegzukommen, müssten Männer tatsächlich eine Art Kopfstand machen. Manche liebgewordenen Selbstverständlichkeiten männlichen Verhaltens müssten revidiert werden. Darunter beispielsweise männliche Sexualität und männliche Ritterlichkeit.

Obschon es gelegentlich paradox anmutet, die durchschnittliche Sexualität des Mannes sexuell zu nennen, halte ich daran fest, da es dem Sprachgebrauch entspricht und keine andere Art der Sexualität verbreitete Anerkennung besitzt. Verschiedene Merkmale prägen die aktuelle Gestalt der Sexualität des Mannes: Die Präferenz optischer Reize, die Fixierung auf Penis und Koitus, das Beharren auf der dominanten Rolle, die Zelebration des Samenausstosses und das ungeduldige Warten darauf, die Verarmung der Phantasie, der Hass auf die Omnipotenz der Frau, die Angst vor der eigenen Impotenz, die Verneigung vor der Quantität. Diese Attribute werden in der Pornographie wieder aufgegriffen und übersteigert visualisiert.

Die alltägliche männliche Sexualität, die vorherrschende Praxis der Manneslust, ist mit Gewalt durchzogen. Weil Männer allzuhäufig nur die Befriedigung ihrer eigenen sexuellen Bedürfnisse im Kopf haben und dazu Frauen als luststeigernde Reize instrumentalisieren, ist Sexualität logisch verknüpft mit Gewalt. Sobald ein Mann in eine dauerhafte Beziehung mit einer Frau tritt, glaubt er meist, damit ein Recht auf die Besetzung ihres Körpers eingelöst zu haben. Wann immer und wo immer er will. Vom Moment an, da die Frau dieses Recht bestreitet, wird die Gewalt des Besitzanspruchs offenbar und wandelt sich in offene Drohung oder manifesten Zwang um. Steht der Mann gerade nicht in einem engeren Beziehungsverhältnis zu einer Frau, sind alle andern Frauen grundsätzlich potentielle Sexualobjekte. Einer Anzahl von Männern genügt es, diese Objektrelation in ihrer Phantasie oder mit Hilfe von Surrogaten (etwa Pornos) zu leben, andere bezahlen Frauen für die Benutzung des weiblichen Körpers, andere versuchen, unbekannte oder bekannte Frauen zu vergewaltigen. All diese Variationen sind Ausdruck des gleichen Selbstverständnisses als Mann und derselben Objektivierung der Frau.

Auf welche Weise die Inbesitznahme der Frau schon im Anfangsstadium einer Beziehung funktioniert, haben Pascal Bruckner und Alain Finkielkraut am Ritual der Liebeserklärung veranschaulicht [39]. Der auserwählten Frau wird im geeigneten Moment ein Geständnis gemacht. Diese Gefühlsentblössung ist zumeist schon der Tod der Gefühle, denn die unschuldige Formel »Ich liebe dich« zwingt die Angesprochene zur Gegenleistung. Sie ist aufgefordert, im gleichen Sinne zu antworten und sich auf Dauer einzurichten. Das romantische Ansinnen besetzt die Frau und verwandelt sie in eine Partnerin, die zu einer bestimmten Person verkürzt wird und sich an das gegebene Wort zu halten hat. Die Feierlichkeit des »Ich liebe dich« soll der Qual der Unsicherheit, bleibt sie bei mir oder verliere ich sie wieder, ist sie mir treu oder nicht, ein Ende bereiten. Das eigene Verhalten und dasjenige der Partnerin soll vorhersehbar sein, und sie soll dazu bewegt werden, sich in diese Abhängigkeit zu begeben. Nach der erfolgten Liebeserklärung wird künftig jeder Moment der Beziehung an diesem Vertragsabschluss gemessen und beurteilt. Die Liebeserklärung grenzt in der Regel die Zweierbeziehung gegen die Polygamie ab, denn wir lieben uns und nicht die andern. Damit wird die auserwählte Frau zur polygamen Wunschfigur: Wenn ich schon auf alle andern verzichte, dann sei du die Vielgestalt meiner Träume.

In bezug auf die Sexualität bedeutet der Imperativ der Liebeserklärung, dass sich die Partnerin auf regelmässige sexuelle Handlungen einstellen soll, dass der Mann den Anspruch erhebt, seine sexuellen Bedürfnisse mit ihr abzudecken, und dass ihr sexuelles Verhalten für ihn voraussehbar und reserviert sein muss. Damit ist die Sexualität als unbestimmte gemeinsame Entdeckungsreise, als freiwilliger Ort der gegenseitigen Lust, gestorben. »Wenn du mich liebst, dann willst du auch mit mir schlafen.« Diese erpresserische Formel erreicht ihren Höhepunkt, wenn der Privatvertrag öffentlichen Status erhält. Mit der

Verheiratung wird die gegenseitige Liebe rechtlich und gegebenenfalls auch kirchlich abgesegnet. Dann steht der prinzipiellen Ausbeutung des weiblichen Körpers fast nichts mehr im Weg. Selbstverständlich kann der Mechanismus der Liebeserklärung auch für die Frau in bezug auf den Mann gelten. Auch ihr »Ich liebe dich« ist nicht frei von Kleingedrucktem.

Die gängige Liebesordnung ist offenbar mit Besitzansprüchen und Machtübergriffen verknüpft. Um sich vor den Folgen einer überversicherten Partnerschaft zu bewahren, müssten Männer und Frauen bereit sein für eine Liebe im Zustand des Entwurfs, für eine unsichere, im ständigen Prozess sich befindende Sexualität, deren Regeln von beiden Seiten immer wieder neu formuliert werden. Der Geschmack von Freiheit und Abenteuer scheint jedenfalls wenig Einzug gefunden zu haben im Reservat der Dauerbeziehungen.

Männer müssten den Mut und die Neugierde entwickeln, sich auf Frauen einzulassen, ohne sie besitzen oder dominieren zu wollen. Das Andere, Fremde der Frau ist meist Anlass zur Angst beim Mann [40]. Wenn er dieses Unbekannte zu beherrschen glaubt, es in seinen Besitz nimmt und damit daran vorbeigeht, vermag er die Angst, wenigstens an der Oberfläche, zu bändigen. Die Frau, für ihn Symbol einer unkontrollierbaren Natur, wird domestiziert.

Wenn sich Frauen anständig, den Regeln des Mannes gemäss benehmen, werden sie von ihm belohnt. Seine Zuvorkommenheit, seine Höflichkeit dem weiblichen Geschlecht gegenüber sind aber oft nur Posen des Siegers. Vielleicht die grössten Frauenfeinde sind unter den ritterlichsten Männern zu finden. Wer Frauen standesgemäss Stühle unterschiebt und Mäntel offenhält, bekräftigt damit die Haltung, sie seien hilfsbedürftige Wesen. Der ritterliche Mann wird auf den ersten Blick als Frauenfreund, als sanfter Mann (»gentleman«) wahrgenommen. Seine Frauenfeindlichkeit ist versteckter als die, welche sich der rohen Gewalt bedient, aber nichtsdestoweniger männlicher Chauvinismus. Ritterlichkeit und Feindschaft gegen Frauen treten in hohem Masse gemeinsam auf, wie amerikanische und deutsche Studien belegen [41]. Wer an diesem Zusammenhang zweifelt, soll darauf achten, was passiert, wenn Frauen die Regeln des Ritterlichkeitsspiels verletzen, indem sie die scheinheiligen Riten der Männer ablehnen oder sie umgekehrt am Manne ausprobieren. Übrigens schätzen auch viele Frauen ritterliche Manieren der Männer, ohne dass sie der latenten Feindlichkeit des Aktes gewahr werden.

Was muss mit Männern geschehen, bis sie zur Einsicht des 38jährigen Anrufers gelangen, der erkannte, dass trotz aktiven Schmusens der Frau sie ihn dadurch nicht zum Beischlaf provozierte und es grundsätzlich keine Berechtigung zur Vergewaltigung gibt? Was braucht es, bis Männer die Selbstbestimmung der Frau bejahen können? Welche Veränderungen sind notwendig, damit Männer ihre illegitimen Vorrechte aufgeben? Moralische Appelle fruchten in der Regel nicht viel, wenn es um Macht, Einkommen und Ausbeutung geht. Vielleicht könnte nur ein radikaler Boykott der Frauen gegen die Männer die Starrheiten erschüttern.

Wenn Männer wirklich Ernst machen wollen mit der Gleichstellung der Frau – und das ist eine der wichtigsten Voraussetzungen zur Vorbeugung sexueller Gewalt –, nicht in ferner Zukunft, sondern in den nächsten Jahren, dann sollte eine Erkenntnis gezogen werden: Männer müssten einen grossen Teil ihrer bis anhin selbstverständlichen Zugangsrechte zu Macht und Einkommen aufgeben. Damit Frauen proportional und gleichgestellt am gesellschaftlichen Prozess partizipieren können, müssten viele ambitionierte Männer zurückstehen. Weil bisher für die beschränkte Zahl von einflussreichen Positionen überproportional viele Männer Vortrittsrechte genossen, wären entsprechend viele Dortsitzende und Dorthinwollende gezwungen, ihren Ehrgeiz zu zügeln. Ein einfaches Beispiel: Wenn in einem Land wie der Schweiz 97 bis 98 Prozent aller universitären Lehrstühle von Männern besetzt sind, dann werden so lange Frauen als Bewerberinnen privilegiert, bis das Verhältnis 1:1 ist. Ungerecht? Was sollen all die Frauen sagen, denen über Jahrzehnte Lehrstühle versagt blieben, bloss weil sie das falsche Geschlecht hatten.

Was hat die Quotendiskussion mit sexueller Gewalt zu tun? Sexuelle Gewalt ist vor allem ein Ausdruck ungleicher Machtverhältnisse. Die beste Präventionschance besteht darin, dieses Ungleichgewicht zwischen den Geschlechtern aufzuheben. Wenn immer mehr Frauen aus den unbezahlten Dienstleistungsfunktionen heraustreten und anteilsmässig in alle beruflichen und politischen Funktionen Eingang finden, dann wird ein solcher Wandel Konsequenzen haben. Zunächst werden Frauen sozial und ökonomisch unabhängiger von Männern, sind also weniger erpressbar und stehen weniger im folgenschweren Austauschgeschäft von wirtschaftlicher gegen emotional-sexuelle Versorgung. Dann werden Männer gezwungenermassen zur Kenntnis nehmen müssen, dass es bisher nicht allein an ihren Fähigkeiten lag, dass sie die wichtigeren und ertragsreicheren Aufgaben im Staate ausführten. Das Bild der Frau und des Mannes in der Gesellschaft würde sich verändern. Der Umgang zwischen den Geschlechtern würde sich verändern. Männer würden automatisch mehr Aufgaben übernehmen, die bisher Frauen vorbehalten waren, Aufgaben mit Kindern und Haushalt, Pflichten der sogenannten Reproduktion. Und wie lange würde es dann wohl dauern, bis Kindertagesstätten, Teilzeitjobs, Wiedereinstiegsmöglichkeiten, Vaterschaftsversicherungen aus dem Boden schössen? Die gesellschaftliche Organisation der Reproduktion würde aus dem Schlaf des 19. Jahrhunderts erwachen und mit der Rationalisierung und Ökonomisierung anderer Subsysteme gleichziehen. Darin könnte ein kreativer Anreiz liegen für die sich neu orientierenden Männer.

Solche Anreize dürfen nicht übersehen werden, denn die Männer werden nicht freiwillig und in aufrechter Haltung auf ihre Vorrechte verzichten. Der zunehmende Geschlechterkampf, die Verdammungsreden »aufgeklärter Männer« gegen zähe Feministinnen sind Ausdruck einer Verschärfung im ältesten Verteilungsstreit. Männer müssen durch Gesetze, durch Druck, aber eben auch mittels attraktiver Motive dazu gebracht werden, den Schritt zur Gleichstellung zu vollziehen. Den wenigsten wird es genügen, zu einer gerechteren Welt persönlich beigetragen zu haben. Vielleicht werden mehr Männer auf die üblichen Männerkarrieren verzichten, wenn ihnen andere Arten von Erfolg oder Bedeutsamkeit in Aussicht stehen: Die Möglichkeit, weiterhin schöpferisch und produktiv tätig zu sein, die Chance, neue Arbeits- und Lebensformen auszuprobieren, die Belohnung durch mehr Freizeit und weniger Belastung. Selbstverständlich braucht es neben den strukturellen auch persönliche Veränderungen, doch werden alltägliche Erfahrungen mit Kindern, mit Lust und Frust der Fürsorge, mit tatsächlich demokratischen Handlungsbezügen Spuren hinterlassen.

Männer sollten an sich selbst arbeiten und sich von ihrem Macht- und Zerstörungswahn befreien. So die Forderung eines Teils der Frauen, die angerufen haben. Diesen Entwicklungsprozess müssten sie alleine gehen, ohne bereits wieder von Frauen gestützt zu werden. Nur wenige der interviewten Männer sehen eine Notwendigkeit zu solchen Veränderungen. Die meisten sind überzeugt, nicht mehr rückfällig zu werden, sie würden sich auch nicht mehr von Frauen provozieren lassen. Sie wünschen sich eine intakte Familie, eine verständnisvolle Partnerin, gute Freunde und einen sicheren Arbeitsplatz. Unter solchen Bedingungen gäbe es keinen Anlass zur Gewalt.

Aufgrund vieler Gespräche mit gewalttätigen Männern und mit solchen, die sich zu den Friedfertigen zählen, bin ich zur Überzeugung gekommen, dass eine einseitige Psychologisierung der Männerfrage nachteilige Konsequenzen hat. Wenn Männer, oft mit Therapeutinnen, den Weg zum Bauchnabel antreten, geht die Macht- und Privilegienfrage meist sehr schnell verloren. Viele therapeutisierte Männer funktionieren die Erkenntnisse über ihr persönliches Sein um zu neuen Instrumenten der Manipulation. Der sexuelle Drang, die Not der Libido wird dann mit der herrschsüchtigen Mutter (das Lieblingsargument), der kontradiktorischen Uranus-Saturn-Stellung oder mit erlittenen sexuellen Demütigungen in einem früheren Leben begründet. Rechtfertigten die politisierten 68er ihre Machtansprüche im Bett mit Parolen gegen das bürgerliche Establishment, so säuseln 20 Jahre später die Sensibilisierten von der Befreiung ihrer Anima. Der Zweck ist derselbe. Mitgefühl erheischend, wird jetzt der Anspruch auf die Schenkel der Partnerin vorgebracht. Sie soll ihm bei seiner Umwandlung behilflich und froh sein, wenigstens einen sanften, gefühlsdelirierenden Mann im Bett zu haben. Damit soll nicht gesagt sein, dass der Mann nicht auch emotional-seelische Selbstreflexionen nötig hat, aber der Sache mehr gedient wäre, wenn er primär einmal der Frau Platz machen und sie als autonomes, gleichberechtigtes Wesen respektieren würde. Wenn er nachher noch Lust auf das Imaginäre hat, es sei ihm gestattet. Schöne Reden taugen wenig, wenn es um Macht und Verteilungskämpfe geht.

Ein bekanntes Beispiel eines verunglückten Therapieansatzes ist das Hamelner Geschlechtsrollenseminar. Seit 1981 wird in der Jugendstrafvollzugsanstalt Hameln in der BRD der Versuch gemacht, straffällig gewordene Sexualtäter zu therapieren. Diese sollen unter der Leitung von zwei Psychologen und im Gespräch mit aussenstehenden Frauen über ihre Sexualität nachdenken. Nach 30 bis 40 Sitzungen sollen aus den Frauenfeinden Frauenfreunde werden. Die beiden grössten Fehlleistungen des Modells sind zum einen die Rollenverteilung und zum anderen die Ausrichtung auf die Sexualität [42]. Wie in diesem Buch gezeigt wurde, geht es bei sexueller Gewalt weniger um Sexualität als um soziale Kontrolle. Daher müsste es vorrangig sein, Aspekte der Macht anstelle der Sexualität anzugehen. Zum zweiten nehmen in Hameln erneut Männer die Leitungs- und Wissensposition ein (die beiden Psychologen als sogenannte Moderatoren), und Frauen sollen dem Delinquenten bei seiner Umprogrammierung hilfreich zur Seite stehen. Sie sollen ihm offenherzig erklären, was weibliche Sexualität ist, damit er in Zukunft sein Verhalten danach ausrichtet. Die Frage stellt sich, ob Frauen überhaupt und, falls ja, in welcher Funktion an einem solchen Prozess mitarbeiten sollen. Dieses Therapiemodell zeigt, wie mit derselben Männerlogik, die für sexuelle Gewalt Ursache und Bedingung ist, Täter verändert werden sollen.

Die These, Themen wie sexuelle Gewalt seien Männerprobleme, hat bisher kaum Anerkennung gefunden. Zumeist wird von Frauenbelangen gesprochen. Dort, wo ermutigende Ansätze zu einer Problematisierung des Mannes durch Männer entstehen, werden sie zumeist durch eine individualisierende Psychologisierung sogleich wieder erstickt. Es macht den Anschein, als ob die »Männer in Bewegung« ihre Handlungen mit allzu grossem Seitenblick auf den Beifall der Frauen ausrichten. In Männerkreisen hört man gelegentlich, wie sich ein Veränderter nach einigen Wochen emotionaler Umstülpungsversuche darüber beklagt, dass – obwohl jetzt sanft und sensitiv oder herrschaftsfrei und kräftig – keine Frau etwas von ihm will, sondern alle doch wieder auf alte Mackertouren abfahren. Müsste es nicht darum gehen, dass Männer sich unabhängig vom andern Geschlecht fragen, wer sie sind, was sie tun und wohin sie wollen?

Ohne Vorbehalte müssten Männer sich gegen ihre eigene Gewalttätigkeit, gegen die ihrer Geschlechtsgenossen und gegen die Asymmetrie der gesellschaftlichen Machtverteilung engagieren. Sie müssten zu Verrätern der eigenen Männerklasse werden und dürften sich nicht scheuen, öffentlich gegen die Gewalt und die Privilegien ihres Geschlechts aufzustehen.

B. Weiblicher Aufstand

Die Geschichte des Kampfes gegen die Unterdrückung der Frau lehrt eines gewiss: Wenn Frauen darauf vertrauen, dass Männer von sich aus irgendwann zur Einsicht gelangen und die Ausbeuterrolle ablegen, dann können sie lange warten. Unzählige Frauen haben bewiesen, dass nur durch eigene Anstrengungen die Grenzen verschoben werden können. Aus den Interviews mit den Frauen können folgende Schlüsse gezogen werden:

1) Damit Frauen gegen sexuelle Gewalt besser gewappnet sind, wünscht sich ein Grossteil der verletzten Frauen einen kollektiven Widerstand aller Frauen, eine Solidarität zwischen den Frauen, da grundsätzlich alle durch ihr Geschlecht mit Übergriffen von Männern konfrontiert sind. Dieser kämpferische Zusammenschluss ist bedingt und getragen durch eine soziale und im weitesten Sinne politische Verbundenheit. Durch berufliches Engagement ist eine ökonomische Unabhängigkeit vom Mann möglich, aufgrund derer sich Frauen Manipulationen der Männer nicht mehr gefallen lassen müssen. Das erhöhte Selbstbewusstsein, das Vertrauen in die eigenen geistigen und körperlichen Kräfte wird Frauen befähigen, frühzeitig Gewalt zu erkennen und sich dagegen zu wehren.

2) Da sexuelle Gewalt nicht von heute auf morgen verschwindet, werden weiterhin Massen von Frauen in Situationen geraten, in denen sie von Männern angegriffen werden. Ob sie die Gewalthandlungen vermeiden können, ist abhängig von der Art der Gewaltsituation, von den eingesetzten Abwehrstrategien, von Variablen wie Alter, Herkunft, Bildung und Beruf und von ihrer Sozialisation als Mädchen und als erwachsene Frau. Ein Faktor war fast allen Frauen gemeinsam, die die sexuelle Gewalt erfolgreich abwenden konnten. Sie waren zornig. Der Mut zur Wut setzte bei den Frauen Energien der Gegenwehr frei, und nach der Tat hatten sie weniger unter seelischen Folgen zu leiden [43]. Die zornigen Frauen raten andern Frauen, sich weder durch Mitleid oder Verständnis mit dem Täter noch durch Selbstvorwürfe zu blockieren, sondern die berechtigte Wut auszuleben.

3) Ein Viertel der interviewten Frauen sprach zum ersten Mal in ihrem Leben über die erlittene Gewalt. Bis anhin wollten oder getrauten sie sich nicht, mit einer andern Person darüber zu sprechen. Fast alle fühlten sich nach dem Gespräch erleichtert. Endlich waren sie einen Teil der Last losgeworden. Aufgrund der Erfahrungen der Frauen, die schon vorher mit Personen gesprochen hatten, können Frauen ermutigt werden, über die Gewalt zu reden. Diese Frauen hatten ein Gespür dafür, wem sie ein solches Erlebnis anvertrauen konnten. In zwei von drei Fällen bezeichneten sie die Kontaktperson als einfühlsam. Vor allem Freundinnen oder Mitarbeiterinnen von Frauenhäusern und Nottelefonen sind geeignete Zuhörerinnen. Vorsicht ist bei Lebenspartnern und Familienmitgliedern geboten.

Nicht uneingeschränkt kann Frauen empfohlen werden, Anzeige bei der Polizei zu erstatten. Grundsätzlich sollte es zwar selbstverständlich sein, dass eine so schwerwiegende Tat angezeigt wird, aber im Falle sexueller Gewalt liegen die Dinge etwas anders. Wenn auch Polizeistellen sich mit aller Entschiedenheit gegen den Vorwurf der Voreingenommenheit und Uneinfühlsamkeit wehren und tatsächlich in jüngster Zeit Anstrengungen zu einem verbesserten Aufnahmeverfahren feststellbar sind, so sprechen dennoch die vielen negativen Erfahrungen von Opfern sexueller Gewalt mit der Polizei und den Untersuchungsorganen gegen eine kritiklose Befürwortung des Anzeigegebots. Erst wenn die Frau mit hoher Wahrscheinlichkeit davon ausgehen kann, nicht erneut gedemütigt zu werden, wird sich die Anzeigebereitschaft verändern. Und auch dann muss von Fall zu Fall entschieden werden, ob einer Frau ein solcher Untersuchungsprozess zumutbar ist.

4) Die Zeit heilt nicht alle Wunden. Wer einmal sexuelle Gewalt am eigenen Körper erleben musste, ist lebenslang gezeichnet [44]. Das Gefühl der Ohnmacht, des Ausgeliefertseins, der Beschmutzung, die Missachtung persönlicher Grenzen werden nicht vergessen. Frauen empfinden die Angst und die Erniedrigung noch Jahrzehnte später. Sie brauchen nicht nur unmittelbar nach der Tat Unterstützung und Verständnis, sondern auch lange danach, wenn die Niedergeschlagenheit und die Schuldgefühle sie nicht loslassen. Weil die Täter keine Wesen dritter Art sind, sondern das alltägliche männliche Du, kann jede neue Begegnung als Wiederholung der Gewaltszene empfunden werden.

5) Einige der befragten Ehefrauen ziehen es anstelle einer Trennung vor, weiterhin mit dem Täter verheiratet zu sein. Zwar bezeichnen sie es als ekelerregendes Ritual, wenn der Mann sie regelmässig zum Akt zwingt, aber der Preis eines Bruchs ist ihnen trotzdem zu hoch. Sie möchten auf das Ansehen und die Sicherheit einer nach aussen intakten Ehe und Familie, auf den Bekanntenkreis und auf den durch den Mann garantierten Lebensstandard nicht verzichten. »*Ausser im Bett ist er ganz in Ordnung. Andere Ehemänner sind schlimmer.*« Bevor über solche Aussagen geurteilt wird, muss bedacht sein, dass sie auf dem Hintergrund ungleicher Chancen gemacht werden. Die Ehefrauen verfügen in der Regel nicht oder nicht mehr über die Möglichkeiten, alleine zu einem vergleichbaren Einkommen und Prestige zu gelangen wie mit ihren Ehemännern. Das sexuelle Entgegenkommen ist in solchen Machtkonstellationen quasi der Preis für den Lebensstandard. Sexuell ausgebeuteten Ehefrauen ist dennoch zu raten, sich von ihren

Männern scheiden zu lassen, denn nahezu alle anderen berichteten Versuche, das Verhalten des Ehemannes zu ändern, scheiterten, und nur der Weg der definitiven Trennung gab den Frauen das Gefühl der Selbstbestimmung zurück. Den eben erst verliebten und verlobten Frauen, die an der Schwelle zur Ehe stehen, empfehlen die Anruferinnen, mit wachen Sinnen auf kleinste Übergriffe ihres Partners zu achten und sie sogleich entschieden zurückzuweisen. Dann bestünde eine Chance, die Gewalteskalation zu verhindern.

6) Im Umgang mit Männern ist eine gesunde Portion Vorsicht förderlich. Beziehungen mit Männern müssen illusionslos gelebt werden. Frauen sollten auf der Hut sein vor unterschwelligen Machtansprüchen. Ratsam wäre es, eine Art Allergie gegen Übergriffe zu entwickeln. Es besteht, auch im Liebestaumel, wenig Grund für Vorschusslorbeeren. Mütterliches oder schwesterliches Verständnis für verharmlosend genannte Ungehobeltheiten des Mannes sind fehl am Platz, dafür zahlen die Frauen in der Regel schwer. Rücksichtslose Männer haben Versprechen schnell zur Hand: Ganz bestimmt wird sich ein gewalttätiger Vorfall nie mehr wiederholen, der Alkohol und der Stress waren schuld, und ganz bestimmt werden sie beruflich zurückstecken, damit die Frau sich verwirklichen kann, wenn sie nur noch diese eine kleine Karriereleiter erklommen haben. Viele Frauen schenken diesen Erklärungen allzuschnell Glauben. Unzählige Ehen und Partnerschaften bauen auf solchen Sandburgen. Die sich ergänzende Konstellation, männlicher Übergriff und weibliche Geduld, macht es so schwierig für Frauen, die sexuelle Gewalt bei bekannten und vertrauten Männern zu erkennen, ernst zu nehmen und von sich zu weisen.

C. Gesellschaftlicher Beistand

Weder die Veränderungsbemühungen der Männer noch die Befreiungsversuche der Frauen werden zu einem entscheidenden Durchbruch im Geschlechterverhältnis führen können, wenn nicht gleichzeitig Staat und Wirtschaft Strukturen bereitstellen, die sexuelle Gewalt erschweren. Dieser Prozess ist offensichtlich gegenseitig bedingt, denn an den Steuerknöpfen sitzen Herren und einige wenige Damen. Der Kampf der Frauen zielt deshalb teilweise darauf, möglichst viele gesellschaftliche Machtpositionen zu übernehmen, um damit die Verhältnisse stärker mitgestalten zu können.

Das herrschende System muss den Nutzen sexueller Gewalt für Männer verkleinern, die Erfolgschancen minimieren und die Kosten erhöhen. Nicht länger sollen vorbehaltlos Institutionen wie Ehe und Familie propagiert werden, wenn solche Modelle Machtmissbrauch herausfordern und in ihnen Gewaltakte alltäglich sind. Die Gesellschaft soll aktiv Partei nehmen für diejenigen, die missbraucht werden. Und sie muss, und das ist vielleicht ihre grösste Herausforderung, auf den Profit verzichten, den sie bisher aus den Gewaltverhältnissen gezogen hat.

Ein solcher Forderungskatalog mutet überrissen an, wenn bedacht wird, wer gesellschaftliche Führungspositionen innehat und wie traditionell verankert und starr die Strukturen sind. Ein System, das diese Ansprüche erfüllt, sägt am eigenen Ast. Und darum geht es: Die patriarchalen Verhältnisse sind überfällig. Eine konsequente Gleichstellungspolitik, damit ein Ausgleich der Machtunterschiede zwischen den Geschlechtern, würde zu politischen, sozialen, ökonomischen und kulturellen Veränderungen führen. Diese Aussicht macht denjenigen angst, die von den bestehenden Strukturen profitieren, und das sind vor allem Männer, aber auch mit ihnen paktierende Frauen.

Sexuelle Gewalt ist ein wesentliches Kettenglied einer männlichen Politik, die Frauen ausbeutet und ihnen Plätze an den Systemrändern zuweist. *»Frauen werden erst nach einer Vergewaltigung zurückhaltender.«* Diese Kurzformel eines 38jährigen Mannes bringt diesen Kontrollmechanismus auf den Punkt. Wenn es weiterhin gelingt, Frauen durch die Androhung oder Ausübung von Gewalt in ihrer Bewegungsfreiheit zurückzubinden, bleibt die Vormachtstellung des Mannes gesichert. Ein Staat, der sich für die Rechte aller verbürgt, muss die Teilnahmebeschränkung für Frauen mittels politischer Massnahmen aufheben. Ansonsten wäre es angebrachter, zur geschlechtsspezifischen Diskriminierung zu stehen und nicht mit salbungsvollen Worten Gleichberechtigung, Mütterlichkeit und harmonisches Familienglück zu beschwören. Selbstverständlich funktioniert das gegenwärtige System effizienter, wenn Frauen freiwillig, liebevoll und unbezahlt dafür sorgen, dass abgekämpfte Ehemänner für das kommende Tagwerk restauriert und Kinder behütet und erzogen werden. Freilich ist es vorteilhafter für die wirtschaftlichen Bilanzen, wenn Frauen bei Bedarf kurzfristig zu geringeren Löhnen eingestellt werden können. Sicherlich ist es für ein patriarchales System förderlicher, wenn sich Frauen vor allem um Mode, Kosmetik und Strickmuster kümmern. Jede Systemanalyse würde diese Funktionen der Frau als unabkömmlich, als nicht ersetzbar charakterisieren. Nur kann das nicht so offen gesagt werden, also werden Ideologien ausgetüftelt, die den Frauen ihren Platz als verdienstvoll und attraktiv verkaufen.

Wenn eine Gesellschaft Ernst machen will mit dem Kampf gegen sexuelle Gewalt, muss sie solche Fragen stellen, und sie muss, im Falle einer Parteinahme für das Opfer, bereit sein, wirksame und rasche Entscheide zu fällen. Der Katalog der Massnahmen ist erarbeitet und wartet auf konkrete Realisierungen.

Liliane Waldner, Adjunktin im Zentralsekretariat des Sozialamtes der Stadt Zürich, stellte 1987 einen »Bericht zur Situation vergewaltigter Frauen« vor, in welchem sie einschlägige Massnahmen auflistet, die zur Vorbeugung und Behandlung sexueller Gewalt zugunsten der Opfer eingesetzt werden können [45]. Waldner ist der Ansicht, dass präventive Massnahmen eher das selbständige, eigenverantwortliche und unabhängige Verhalten der Frauen fördern und nicht die traditionell weibliche Rolle des hilflosen, abhängigen und schutzbedürftigen Menschen zementieren sollten. Die Reihe möglicher Interventionen ergab sich nach einer Literatursichtung und aufgrund einer Umfrage bei 20 Zürcher Institutionen (u. a. Ärztegesellschaft, Bezirksanwaltschaft, Nottelefon für vergewaltigte Frauen, Polizeiamt). Im folgenden werden die kursiv gedruckten Vorschläge des Sozialamtes an einigen Stellen ergänzt und kommentiert.

Präventive Massnahmen:

– *Verbesserung der Stellung der Frau*
Diese erste Massnahme ist die wichtigste Intervention. Die sozioökonomische und rechtliche Gleichstellung der Frau, die Aufweichung von erstarrten, Männer begünstigenden Partnerschafts- und Familienmodellen, die egalitäre Teilnahme der Frau an produktiven und politischen Prozessen und das Engagement des Mannes an Aufgaben der Reproduktion sind elementare Voraussetzungen für einen Machtausgleich und gegen Gewaltstrukturen.

– *Informations- und Aufklärungsarbeit*
Solche Kampagnen sollten vor allem auch an die Adresse von Männern als potentielle Täter gerichtet sein. Sie müssten informiert werden über die Ungesetzlichkeit und die Folgen sexueller Gewalthand-

lungen. Diese Aufklärung sollte bereits in der Schule, in der späteren Ausbildung, im Militär, vor und während der Ehe, im Sinne einer lebenslangen Bewusstseinsbildung erfolgen.

— *Untersuchung der Ursachen, Bedingungen und Folgen sexueller Gewalt*

Im Bereich der Wissenschaft sollte darüber nachgedacht werden, ob interessierte Forscherinnen und Forscher sich einer spezifischen Eignungsprüfung zu stellen haben. Die Erfahrung zeigt, dass es keinesfalls genügt, die wissenschaftliche Methodik zu kennen. Vielmehr muss zusätzlich vorausgesetzt werden, dass die Akademikerinnen und Akademiker eine Gleichstellung der Geschlechter, nicht nur auf dem Papier, vorbehaltlos unterstützen. Neutrale, objektive Positionen sind zumeist vordergründig, da jede Perspektive immer schon Partei ist [46]. Es sollte zur wissenschaftlichen Sorgfalt gehören, diese Voreinstellung offenzulegen. Im Kontext der Geschlechterforschung wirkt sich der Objektivitätsmythos besonders fatal aus.

— *Einflussnahme auf die Ausbreitung von entwürdigenden Medienerzeugnissen*

— *Unentgeltliche Selbstverteidigungskurse für Mädchen und Frauen*

Sowohl die nicht-angezeigten als auch die verurteilten Täter raten angegriffenen Frauen, nicht heftig und nicht mit Gewalt zu reagieren, sondern freundlich und anständig mit dem Täter zu reden. Befragte Frauen hingegen empfehlen primär körperlichen Widerstand und haben mit dieser Strategie wie auch mit Schreien oder Wegrennen am ehesten Erfolg. Von daher sind die zunehmenden Bestrebungen, Frauen in Selbstverteidigung auszubilden, vorbehaltlos zu unterstützen (z. B. bietet die Stadt Bern solche Kurse seit 1983 unentgeltlich an).

— *Mehr Personal bei Bahnhöfen, Zügen, öffentlichen Toiletten*

— *Gute Beleuchtung von weniger stark bewohnten Gebieten*

— *Überprüfung baulicher Massnahmen, z. B. bei Parkhäusern*

Wichtig wäre auch, den traditionellen Wohnungsbau zu überdenken, der Bewohnerinnen isoliert und ideale Verbrechensorte abgibt. Eine soziale Kontrolle ist darin weitgehend verunmöglicht. Gemeinschaftliches Wohnen, welches sich abkapselnde Kleinfamilienzellen auflockert, ist zu fördern.

— *Gratis-Taxi-Angebot für Frauen während der Nachtzeit*

Massnahmen im Justizbereich:

- *Strafbarkeit der Vergewaltigung in der Ehe*
- *Schonung der Opfer im Gerichtsverfahren*

Sexuelle Gewaltfälle sollen künftig nicht mehr vor Geschworenengerichten verhandelt werden, da dort der ganze Fall von vorne aufgerollt werden muss (Unmittelbarkeitsverfahren). Das Opfer soll die Möglichkeit haben, den Ausschluss der Öffentlichkeit zu beantragen. Die Frau soll bloss einmal durch eine Beamtin befragt werden. Ebenso soll ihr eine Konfrontation mit dem Täter erspart bleiben.

- *Gesetzmässiger Rechtsbeistand für die Frau, unentgeltliche Opferanwältin*

In fast allen schweizerischen Kantonen ist die vergewaltigte Frau vor Gericht nur als Zeugin zugelassen (Ausnahme ist z. B. der Kanton Bern, wo für die Frau eine Nebenklage möglich ist). Ausser bei der Zeugeneinvernahme ist sie vom Untersuchungsverfahren und vom Prozess ausgeschlossen. Ihre allfällige Anwältin hat meist kein Recht, direkt in das Prozessgeschehen einzugreifen, etwa dem Täter Fragen zu stellen. Das vor der parlamentarischen Beratung stehende Opferhilfegesetz hat zum Ziel, die Stellung des Opfers während und nach dem Strafverfahren zu verbessern.

- *Prozesskostenhilfe*
- *Mehr Frauen im Polizei- und Justizwesen*

In jüngster Zeit ist erkennbar, dass auf der Seite der Justizbehörden eine Sensibilisierung stattgefunden hat. So regt zum Beispiel die Justizdirektion des Kantons Zürich Gesetzesänderungen an, die teilweise den obigen Massnahmen entsprechen (u. a. keine Geschworenengerichte in Vergewaltigungsfällen, Ausschluss der Öffentlichkeit auf Antrag der Geschädigten). Oder es gelangen Publikationen an die Öffentlichkeit, die der Wirklichkeit sexueller Gewalt gerechter werden, so etwa das Faltblatt des Justizdepartementes Basel-Stadt »Sexuelle Gewalt gegen Frauen«. Darin wird beispielsweise anerkannt, dass Vergewaltigungen häufig im Bekanntenkreis stattfinden. Ebenso scheint das Aufnahmeverfahren in wesentlichen Punkten verbessert: Während der Untersuchung kann sich die Frau von einer Person ihres Vertrauens begleiten lassen, auf Wunsch der Frau kann die Anzeigenerstattung, die Betreuung und Befragung zum Tathergang von einer Beamtin vorgenommen werden.

Zu beachten bezüglich der Massnahmen im Justizbereich sind die

Vorschläge einer Gruppe von Basler Rechtsanwältinnen und Juristinnen. Sie formulierten ein Sexualstrafrecht aus feministischer Sicht [47]. Zentraler Punkt ist die zu schützende sexuelle Integrität und Selbstbestimmung der Frau. Ihre Forderungen beinhalten u. a., dass vergewaltigte Frauen keine Gewalt oder schwere Drohung nachweisen müssen und dass ihr Vorleben, insbesondere ihr sexuelles, nichts zur Sache tut (von Opfern werden in aller Regel, anscheinend wegen des hohen Strafmasses, Leumundszeugnisse eingeholt). Speziell ausgebildete Frauen sollen die Befragungen vornehmen, und die Geschädigte soll die Möglichkeit der Nebenklage wahrnehmen können. Des weiteren soll die Frau nicht mit dem Täter konfrontiert werden (häufig wird die misshandelte Frau bereits zwei bis drei Wochen nach der Verhaftung des Täters diesem gegenübergestellt). Schliesslich soll eine vorbestehende persönliche Beziehung zwischen Täter und Opfer (Bekanntschaft, Konkubinat, Ehe) niemals ein Entlastungsgrund für eine sexuelle Gewalttat sein können, vielmehr müssten solche Umstände als strafverschärfend angesehen werden.

Massnahmen der Intervention und der Nachbehandlung

— *Nottelefon rund um die Uhr*
Ausreichende finanzielle Unterstützung von Nottelefonen und Frauenhäusern
— *Hilfe bei der Suche nach Notunterkünften*
— *Längerfristiges unentgeltliches Therapie- und Beratungsangebot*
— *Finanzielle Hilfe*
— *Kooperation der beteiligten Amtsstellen wie Polizei, Justiz, Spitäler, Ärztinnen, soziale und fürsorgerische Institutionen*
Eine solche Zusammenarbeit gibt es zur Zeit in Bern. Seit 1986 arbeiten im sog. »Berner Modell« das Kantonale Frauenspital, das Gerichtsmedizinische Institut und die Polizei zusammen. Sie garantieren rund um die Uhr einen Bereitschaftsdienst für vergewaltigte Frauen, der, wann immer möglich, von Frauen gewährleistet wird.
— *Spezialisierte Stellen innerhalb des Strafverfolgungsapparates*
— *Aus- und Weiterbildung von Polizei- und Justizbeamtinnen*
— *Informationsschrift für die Frauen über die Rechte und das Hilfsangebot*
Beispielsweise wird im oben erwähnten Faltblatt »Sexuelle Gewalt gegen Frauen« den Betroffenen erklärt, was sie nach einer Vergewaltigung tun sollen, was sie bei einem allfälligen Ermittlungs- und Ge-

richtsverfahren erwartet und an welche Beratungsstellen sie sich wenden können.

Dieser Massnahmenkatalog will nicht mehr als eine vorläufige Übersicht sein, eine Sammlung von Ideen, die zu konkreten Interventionsprojekten ausgearbeitet werden müssen. Es galt aufzuzeigen, wo, wie und wozu aufgrund bisheriger Erkenntnisse die Bekämpfung sexueller Gewalt und ihrer Folgen aufgenommen werden kann. Wer die schwerwiegenden Folgen der sexuellen Gewalt für die Frau ernst nimmt, ist aufgefordert, aktiv zu werden.

Epilog

Ein 45jähriger geschiedener Ehemann rief in einer Art Notfall an und bat um Hilfe. Er sei überfordert, weil er über die Scheidung nicht hinwegkomme, er hänge an seiner Exfrau. Dann sei er auch beruflich im Clinch, da er umsteigen möchte, aber wegen hoher Alimente für seine drei Kinder nicht könne:

»*Oft fahre ich mit dem Auto nachts ziellos umher und warte auf eine Gelegenheit, um eine Frau zu überfallen. Aber immer, wenn ich mit einer Frau reden kann, geht es wieder (. . .). Ich fühle mich von Frauen nicht ernstgenommen, auch am Arbeitsplatz. Sie lachen mich aus und provozieren mich. Dabei wünsche ich mir eine Partnerbeziehung, ich habe eine Freundschaft sehr nötig. Ich brauche Anerkennung. Aber ich habe keinen Erfolg. Ich spüre, wie sich etwas in mir aufstaut, mit jeder Enttäuschung mehr. Der Psychiater sagte mir, ich habe einen Hass bekommen auf Frauen. Meine Kollegen haben alle Karriere gemacht, ich nicht. Im Moment habe ich ein sehr geringes Selbstbewusstsein. Nur in meiner Phantasie bin ich der Starke. Die Kollegen sagen, ich sei viel zu lieb mit Frauen. Ich spüre, wie etwas in mir wächst wie ein Vulkan, entweder ich vergewaltige eine Frau oder begehe Selbstmord. Bis jetzt hielt mich der Gedanke an meine Kinder davon ab, denn ich will nicht, dass sie sich schämen müssen. Aber ich sehe keine Zukunft mehr.*«

Er hoffte, durch den Anruf vor einer folgenschweren Tat bewahrt zu werden. Wie würde der Entscheidungsprozess eines solchen Mannes ausgehen, wenn Männer weniger auf beruflichen und persönlichen Erfolg versessen wären, wenn Männer Frauen nicht als Konfliktlösungshilfen oder Aggressionszielscheiben, sondern als Ebenbürtige wahrnähmen, wenn Freunde und Kollegen den Mann nicht zu Härte und Durchsetzung ermutigten, wenn die Aussicht, erwischt und verurteilt zu werden, grösser wäre, wenn der Mann damit rechnen müsste, dass die Frau ihm körperlich, psychisch und statusmässig gewachsen oder überlegen wäre, wenn potentielle Täter davon ausgehen müssten, dass der Staat unmissverständlich auf der Seite der

Überfallenen steht, wenn bei Bekanntwerden der Tat Umwelt und Freunde ihn verurteilen würden, wenn also insgesamt die Idee der Gewalthandlung höchst unattraktiv erschiene? Gewonnen wäre ein wichtiges Stück Freiheit und Selbstbestimmung für die Frau und nicht zuletzt – fast schon antiquiert – menschliche Würde.

Literaturverzeichnis

1) Godenzi, A. (1988). Als die Frauen den Männern davonliefen. Weltwoche, Nr. 11, 17. März (an einigen Stellen revidiert).

2) Federal Bureau of Investigation. Department of Justice (1987). Uniform crime reports-1986. Washington, D.C.: U.S. Government Printing Office.

3) Rose, V. L. (1976). Rape as a social problem: A feminist and social movement perspective. Paper presented at the annual meetings of the Pacific Sociological Association, San Diego, California.

4) Kalven, H. & Zeisel, H. (1966). The American jury. Chicago: University of Chicago Press.

5) Amir, M. (1971). Patterns in forcible rape. Chicago: University of Chicago Press. Schorsch, E. (1971): Sexualstraftäter. Stuttgart: Enke.

6) Amir, M. (1967). Victim precititated forcible rape. In: Journal of Criminal Law, Criminology and Police Science, 58, 493–502.
Schneider, H.-J. (1975). Viktimologie. Wissenschaft vom Verbrechensopfer. Tübingen: Siebeck & Mohr.

7) Kavemann, B. & Lohstöter, I. (1984). Väter als Täter. Sexuelle Gewalt gegen Mädchen. Reinbek: Rowohlt.
Finkelhor, D. & Associates (1986). Sourcebook on child sexual abuse. Beverly Hills, California: Sage.

8) Butzmühlen, R. (1978). Vergewaltigung: die Unterdrückung des Opfers durch Vergewaltiger und Gesellschaft. Giessen: Focus.
Schlötterer, R. (1982). Vergewaltigung: Weibliche Schuld – männliches Vorrecht? Berlin: Eigenverlag.
Weis, K. (1982). Die Vergewaltigung und ihre Opfer. Stuttgart: Enke.

9) Gebhard, P. H., Gagnon, J. H., Pomeroy, W. B. & Christenson, C. V. (1975). Sex offenders: An analysis of types. New York: Harper & Row.
Ruff, C. F., Templar, D. I. & Ayers, J. L. (1976). The intelligence of rapists. Archives of Sexual Behavior, 5, 227–271.

10) Willie, W. S. (1961). Case study of a rapist: An analysis of the causation of criminal behavior. Journal of Social Therapy, 7, 10–21.

11) Rada, R. (1978). Clinical aspects of rape. New York: Grune and Stratton.
Taskinen, S. (1987). Preventive measures (long-term prevention). Paper presented at the Council of Europe-Colloquy on »violence within the family: measures in the social field«, Strasbourg, 25.–27. November.

12) Brownmiller, S. (1975). Against our will. Men, women, and rape.
New York: Simon and Schuster.
Griffin, S. (1977). Rape: The All-American crime. In: Chappel, D., Geis, R. &
Geis, G. (Eds.). Forcible rape: The Crime, the victim and the offender.
New York: Columbia University Press, 47–66.
Russell, D. (1975). The politics of rape. New York: Stein and Day.

13) Bandura, A. (1973). Aggression. A social learning analysis.
Englewood Cliffs, N. J.: Prentice-Hall.
Singer, J. L. (1971). The control of aggression and violence.
New York: Academic Press.

14) Johnson, A. G. (1980). On the prevalence of rape in the United States.
Signs, 6, 136–146.

15) Smithyman, S. D. (1978). The undetected rapist. Dissertation,
Claremont Graduate School.

16) Honig, M. S. (1987). Ambivalenzen der Intimisierung. Modernisierungs-
theoretische Perspektiven der Familienforschung. In: Friedrichs, J. (Hg.).
23. Deutscher Soziologentag 1986, Beiträge der Sektions- und
Ad-hoc-Gruppen. Leverkusen.

17) Burgess, A. W. & Holmstrom, L. L. (1979). Rape: Crisis and recovery.
Bowie, Maryland: Brady Co.
Hilberman, E. (1976). The rape victim. Washington, D. C.: American Psychiatric
Association.

18) Für die Bundesrepublik Deutschland:
Arbeitskreis »Sexuelle Gewalt« beim Komitee für Grundrechte und Demokratie
(Hg.) (1985). Sexuelle Gewalt. Erfahrungen, Analysen, Forderungen.
Sensbachtal: Eigenverlag.
Baurmann, M. C. (1983). Sexualität, Gewalt und psychische Folgen,
BKA-Forschungsreihe, Nr. 15. Wiesbaden: Bundeskriminalamt.

19) EMNID (1986). Ehe und Familie. Bielefeld: Eigenverlag.
Godenzi, A. & Helminger, A. (1987). Vergewaltigung in der Ehe.
Zürich: Eigenverlag.
Russell, D. (1982). Rape in marriage. New York: Collier Books.

20) Groth, N. & Hobson, W. F. (1986). Die Dynamik sexueller Gewalt.
In: Heinrichs, J. (Hg.). Vergewaltigung. Die Opfer und die Täter.
Braunschweig: Holtzmeyer, 87–98.

21) Snyder, C. R., Higgins, R. C. & Stucky, R. J. (1983). Ausreden.
Landsberg a. L.: mvg.
Schutz, A. (1990, in Druck). Mehr oder weniger zugeben. Stufen defensiver
Selbstdarstellung. In: Kohr, H.-U. & Martini, M. (Hg.). Politische Psychologie,
Bd. 10. Deutscher Studienverlag.

22) Darley, J. M. & Latané, B. (1977). When will people help in a crisis?
In: Krebs, D. (Ed.). Readings in Social Psychology: Contemporary perspectives.
New York: Harper & Row, 126–132.

23) Friday, N. (1978). Die sexuellen Phantasien der Frauen. Bern: Scherz.

[24] Bart, P. B. & O'Brien, P. H. (1985). Stopping rape. Successful survival strategies. New York: Pergamon Press.
Caignon, D. & Groves, G. (Eds.) (1987). Her wits about her. Self-defense success stories by women. New York: Harper & Row.

[25] Pleck, J. H. (1981). The myth of masculinity. Cambridge, MA.
Hollstein. W. (1988). Nicht Herrscher, aber kräftig. Die Zukunft der Männer. Hamburg: Hoffmann und Campe.

[26] Brehm, J. W. (1966): A theory of psychological reactance. New York: Academic Press.

[27] Muehlenhard, C. & Scardino, T. J. (1985). What will he think? Men's impressions of women who initiate dates and achieve academically. Journal of Counseling Psychology, 32, 560–569.
Muehlenhard, C. L. (1988). Misinterpreted dating behaviors and the risk of date rape. Journal of Social and Clinical Psychology, 6 (1), 20–37.

[28] Giarusso, R., Johnson, P., Goodchilds, J. & Zellmann, G. (1979). Adolescents' cues and signals: Sex and assault. In: Johnson, P. (Chair), Acquaintance rape and adolescent sexuality. Symposium conducted at the meeting of the Western Psychological Association, San Diego.

[29] Kanin, E. J. & Parcell, S. R. (1977). Sexual aggression: A second look at the offended female. Archives of Sexual Behavior, 6, 67–76.

[30] McCahill, T. W., Meyer, L. C. & Fischman, R. M. (1979). The aftermath of rape. Lexington, MA: Lexington Books.

[31] Bundesrätliche Botschaft über die Änderung des Schweizerischen Strafgesetzbuches und des Militärstrafgesetzes, 26. Juni, 1985.

[32] Paetow, B. (1987). Vergewaltigung in der Ehe. Freiburg i. Br.: Eigenverlag Max-Planck-Institut für ausländisches und internationales Strafrecht.

[33] Godenzi, A. (1988). Die eheliche Intimität wird antastbar: Vergewaltigung in der Ehe im europäischen Vergleich. Monatsschrift für Kriminologie und Strafrechtsreform, 4, 255–262.

[34] Thürmer-Rohr, C. (1989). Frauen in Gewaltverhältnissen: Opfer und Mittäterinnen. Zeitschrift für Sexualforschung, 2 (1), 1–13.

[35] Finkelhor, D. & Yllo, K. (1986). Vergewaltigung in der Ehe: eine soziologische Perspektive. In: Heinrichs, J. (Hg.). Vergewaltigung. Die Opfer und die Täter. Braunschweig: Holtzmeyer, 65–75.

[36] Godenzi, A. (1987). Die Frau des Täters kommt als Opfer nicht in Frage . . . Weltwoche, Nr. 8, 19. Februar.

[37] Briere, J. & Malamuth, N. M. (1983). Self-reported likelihood of sexually aggressive behavior: Attitudinal versus sexual explanations. Journal of Research in Personality, 17, 315–323.

[38] Check, J. V. P. & Malamuth, N. M. (1983). Sex role stereotyping and reactions to depictions of stranger versus acquaintance rape. Journal of Personality and Social Psychology, 45, 344–356.

[39] Bruckner, P. & Finkielkraut, A. (1979). Die neue Liebesunordnung. München: Hanser.

[40] Irigaray, L. (1987). Zur Geschlechterdifferenz: Interviews und Vorträge. Wien: Wiener Frauenverlag.

[41] Schmidt, H. D., Schmerl, Ch., Krameyer, A., Wagner, A., Steinbach, D. & Schmidt-Mummendey, A. (1973). Frauenfeindlichkeit. München: Juventa.

[42] Beiträge verschiedener Autorinnen zum Hamelner Geschlechtsrollenseminar (1987). Streit. Feministische Rechtszeitschrift, 2, 35–41.

[43] Burgard, R. (1988). Mut zur Wut – Befreiung aus Gewaltbeziehungen. Berlin. Orlanda Frauenverlag.

[44] Killias, M. (1989). Les Suisses face au crime. Leurs expériences et attitudes à la lumière des enquêtes suisses de victimisation. Grüsch: Editions Rüegger.

[45] Sozialamt der Stadt Zürich (1987). Bericht zur Situation vergewaltigter Frauen. Zürich: Eigenverlag.

[46] Keller, E. F. (1986). Liebe, Macht und Erkenntnis. Männliche oder weibliche Wissenschaft. München: Hanser.
Devereux, G. (1976). Angst und Methode in den Verhaltenswissenschaften. Frankfurt/M.: Ullstein.

[47] Demokratische Juristinnen Basel (Hg.) (1987). Was heisst hier Vergewaltigung? Sexualstrafrecht aus feministischer Sicht. Basel: Eigenverlag.
Zur Diskussion dieses Entwurfs siehe auch: Frauenfragen, 1988, 2, 54–77.